底色

戴梅青 著

上海教育出版社

目录

1. 底色 … 1
   ——2018 年暑假在新教师培训会上的讲话

2. 与高人同行 … 4
   ——在 2018 年高二段金鼎奖颁奖大会上的讲话

3. 唯有读书高 … 7
   ——在 2018 年秋季开学典礼上的讲话

4. 规则下练就硬功夫 … 11
   ——2018 年在首次接待实习生活动上的讲话

5. 深情守望便是最好的教育 … 13
   ——2018 年在校庆 10 周年大会上的讲话

6. 愿你永远只是长大,而不是变老 … 21
   ——在 2019 年学生成人仪式上的讲话

7. "拼命向上"与"努力奔跑" … 25
   ——在 2019 年春季开学典礼上的讲话

8. 202060 … 28
   ——在 2017 级高二期末总结大会上的讲话

9. 才子词人,自是白衣卿相 … 32
   ——在 2019 年九峰中学阅读高峰论坛上的讲话

10. 英雄不问出处 … 36
    ——2019 年在宋永东班主任工作室揭牌仪式上的讲话

11. 定叫长江水倒流 … 38
    ——在 2019 届高三学生毕业典礼上的讲话

12. 高三,你要的是"三心两意" … 42
    ——在 2019 年新高三起航仪式上的讲话

13. 没有义气,哪来江湖 … 46
    ——2019 年暑假在新教师培训会上的讲话

目录

14 拿什么镜子看教育 ... 50
　　——在2019年秋季开学典礼上的讲话

15 君不见 ... 53
　　——在2019年庆祝教师节暨表彰大会上的讲话

16 莫让实习成为水中望月 ... 56
　　——在2019年欢迎实习教师活动上的讲话

17 体面 ... 59
　　——在2019年学生成人仪式上的讲话

18 未来,我信你 ... 62
　　——校刊《九峰》创刊词

19 讲述九峰故事　传递九峰能量 ... 64
　　——在2020届高三学生毕业典礼上的讲话

20 城市名片 ... 69
　　——2020年暑假在新教师培训会上的讲话

21 时代标杆,如影随形 ... 72
　　——在2020年秋季开学典礼上的讲话

22 老三届,九峰中学的脊梁 ... 76
　　——在2020年庆祝教师节暨表彰大会上的讲话

23 谨言慎行,向美而生 ... 80
　　——2020年在国旗下的讲话

24 文字的分量 ... 82
　　——2020年在校刊《九峰》首发式上的讲话

25 怎一个"高"字了得? ... 84
　　——在2020年学生成人仪式上的讲话

26 只要精神不滑坡,办法总比困难多 ... 87
　　——在2021年春季开学典礼上的讲话

目录

27 以平常心做人，用进取心做事　　90
　　——在2021届高三学生毕业典礼上的讲话

28 抉择　　94
　　——在2021年新教师培训会上的讲话

29 在路上　　98
　　——在2021年黄岩区校长读书会上的演讲

30 天才哪里来　　103
　　——在2021年秋季开学典礼上的讲话

31 真金不怕火炼　　106
　　——在2021年教育实习开班仪式上的讲话

32 七十二变　　109
　　——在2021年庆祝教师节暨颁奖大会上的讲话

33 幸福在哪里　　112
　　——在2022年春季开学典礼上的讲话

34 谁是你的贵人　　116
　　——在2022届高三学生毕业典礼上的讲话

35 看见　　120
　　——在2022年新教师培训会上的讲话

36 一切都是最好的安排　　123
　　——在2023年春季开学典礼上的讲话

37 校服　　134
　　——2023年2月7日在国旗下的讲话

38 水滴石穿　　137
　　——在2023届高三学生高考动员会上的讲话

39 错觉的解药　　140
　　——在2023届高三学生毕业典礼上的讲话

目录

40 时光倒流   146
　　——在 2023 年秋季开学典礼上的讲话

41 遇见好老师   150
　　——在 2023 年庆祝教师节暨表彰大会上的讲话

42 人在"卷"途   154
　　——在 2024 年春季开学典礼上的讲话

43 真正的战场   158
　　——在 2024 届高三学生毕业典礼上的讲话

44 灵魂契合   162
　　——在 2024 年九峰中学名师读书会开班仪式上的讲话

45 靠心灵而伟大   168
　　——在 2024 年秋季开学典礼上的讲话

46 八仙过海,各显神通   174
　　——在 2024 年庆祝教师节暨表彰大会上的讲话

47 你我皆是黑马   179
　　——在 2024 届高三学生高考励志大会上的讲话

48 送你"三'千万'"   184
　　——在 2024 年学生成人礼上的讲话

1　底色
——2018年暑假在新教师培训会上的讲话

小时候，听大人讲了一个田螺姑娘的故事，说的是古代有一个孩子父母双亡，但他勤劳善良，安分守己，还尽其所能地帮助别人。天帝知道后很感动，派神女田螺姑娘偷偷地帮他烧饭、打扫屋子。这个美好的故事让我入迷。

那个年代的农村，除了挂在墙上的广播每天早、中、晚播放黄岩人民广播电台的新闻、革命歌曲、革命故事以外，没有期刊，没有报纸，更没有电视。我们听外界声音、看外面风景的唯一渠道，就是几个月轮到一次的一场露天电影。

记得六七岁的时候，我和小伙伴们看了一场黑白电影《天仙配》，里面的每一个情节都让我们陶醉。我们一起跟着电影队一个村一个村地看过去，连续看了七八场。

我们完全相信，有天上，有人间，有牛郎，有织女；我们完全相信，只要存好心、做好事、做好人，就一定有好报。

后来，我考上了黄岩师范学校，开始阅读书籍，亲近艺术，叩问哲学，认识宇宙，终于明白，生活里并没有田螺姑娘，也没有仙女到人间找牛郎，但存好心、做好事、做好人的观念已经根植于我的心里了，并形成了我对人生的一种最基本的态度。如果把人生比作一幅画，那么这种态度便是这幅画的底色。

有了这一层长期积累的厚厚底色，无论你在上面画什么，都不会跑调。在黄岩师范的三年，画面上逐渐出现了八个字："学高为师，身正为范。"

大学毕业后，我创办了绘画工作室，一切都在实践这八个字。那时候，工作室里高三段就我一个老师，大大小小的事都得自己做，所有的课都得自己上，不要说不能迟到、早退，甚至连生病也要照常工作，因为没有人给我代课呀。

经过工作室15年汗水的浸泡、心血的煎熬、经验的积累、心灵的洗练，再从2008年学校初创到现在，九峰高级中学逐渐形成了"老师先行、从我做起"的办学底色。这就是：凡要求学生做到的，老师必须先做到；要求学生做好的，老师必须先做好。

纵观九峰10年办学，能够让普高线以下的学生考进本科线，甚至考上重点大学，成为黄岩区文科状元、成为浙江省美术联考状元，能够做到"低进高出"，靠的就是"老师先行、从我做起"这一层底色。

正是因为一届又一届的九峰人继承着、坚守着这一层底色，才创造了一个又一个奇迹。

由于一届又一届九峰人默默无闻地、坚持不懈地坚守着"存好心、做好事、做好人"的底色，九峰高级中学从10年前的13位老师、46位在校生，发展到如今的120位老师、1200位在校生的规模，这便是天帝回报我们的田螺姑娘，便是我们的织女。

在座的很多人和我一样来自农村，小时候大多有着类似对"田螺姑娘""牛郎织女"这一类美好故事的憧憬。我相信我们一定有着这样的共识：凭借着"存好心、做好事、做好人"的底色，就能画出最新、最美的图画。

今天，我们因缘而聚，成为同道。在新教师培训的第一天，我想大家的心情都是激动的、期盼的、正能量满满的，每个人的心里一定想着如何给学校添砖加瓦，增光添彩。可是，这种想法会催生出永久持续的工作热情吗？

经过10年的努力，我们已经不再担心九峰能不能办起来、能不能办下去的问题；我担心的是，正是因为有了这一点点的积累、一点点的条件，即将走上讲台的你们会不会纠结于为什么所住的房间没有别人的宽敞，所带的学生没有别人的基础好，所担负的教学工作没有别人轻松；会不会纠结于为什么学生那么不听话，家长那么不配合，学校给你们的压力那么大。如果以自我为中心，以利益为天平，那么，用不了多久，你们就可能会忘记初心，褪去底色，甚至会丧失师德、丢掉人格。因此，在你们正式走上讲台之际，我提醒你们要看护好今天的激情和理想。在这个色彩斑斓的时代，要想有点成绩，要想做个非常之人，我们就必须守护好生活中、人生中最朴素的底色。

未来的工作很少有鲜花、荣誉和浪漫，更多的可能只是委屈、压力，甚至打击。在学校短短 10 年来的发展历程中，有人茫然失措，整天处于抱怨、嫉妒、诋毁、拆台之中不可自拔；有人深知稳定才能发展，深知同心才能聚力，因而不忘初心，知难而上，逐渐成为九峰的骨干力量、中流砥柱，成为学生心中的幸运之神。

每届新教师培训我都会送同样的一句话，这是美国第 35 任总统肯尼迪说的一句名言："不要问你的国家能为你做些什么，而要问你能为国家做些什么。"同样，我们的口号是，不要问九峰能为你做些什么，而要问你能为九峰做些什么。这句话激励了九峰人，这句话可以创造奇迹。九峰从无到有、从小到大的历史就是最好的证明。

各位新教师、新同事、新同志，十年磨一剑，老九峰人已经用自己的实际行动，磨出了一把闪闪发亮的宝剑。这把剑有金子一般的底色，九峰就是因为拥有这样一把剑，才能不断地从胜利走向胜利！

谢谢大家。

2　与高人同行

——在 2018 年高二段金鼎奖颁奖大会上的讲话

传奇小说里讲到什么妙计或什么成功时，往往有这么一句话："此计背后必有高人"，或者"此事背后必有高人"。

我们高二年级各班的班级文化氛围浓厚，早读晚读声音洪亮，跳绳跑操严肃认真，学习劲头高，考风考纪好，这些表现很多还是全校第一。上一轮以及上一轮的上一轮，我们创造了很多很多的"第一"。我想说的是，这些"第一"、这些"成功"的背后必有高人。

让我们一起来寻找高人，看看他们到底是谁，又是何模样。

经过一番梳理，我们在每个班里都找到了一个高人，这十个高人中间，有一个学霸，一个潜力股，三个大国工匠，五朵灿烂金花。

9 班的谭选江，学霸！6 次大型考试 4 次年级第一，着实令人敬佩！

10 班的张鑫凯，属于潜力股，他每天早上、中午都最早到操场认真读书，他相信早起的鸟儿有虫吃，成绩一直在进步，本次考试是第 23 名。如果坚持这种状态，我相信终有一天他会成为涨停股！

以前说"三个臭皮匠，赛过一个诸葛亮"，那么，我们身边的三个工匠赛过几个诸葛亮呢？

3 班的管鸿宇，他是绣花匠，作风严谨，不论简单的问题还是复杂的问题，他都像绣花一样，一针一线也不放过！

4 班的丁欣怡，他是箍桶匠，执着专注，面对最薄弱的数学，不逃避、不退缩，努力补短板。这次数学他考了 93 分，预示着大的进步指日可待。

6 班的郑妙妙，她是印刷匠，一年来从未有过任何违反纪律的行为，每天早上六点十分之前到操场读书，笔记作业工整得如同印刷品，这种精益求精的精神使她跻身年级前二十，那是必然！

面对这三位细心的工匠，恐怕就连一生谨慎的诸葛亮，一定也会感叹"后生可畏"吧！

再看看五朵金花，他们在校园里争芳斗艳，美不胜收。

1班的王宇晨，情绪稳定，坚持本真，成绩由开始的300多名进步到今天的99名，取得了普通班不普通的成绩！他是芝麻开花节节高，"清香能溢引蜂来，结荚蕴油果实累"。

2班的方竟楠，刚入学时300多名，最近一直维持在100多名，但愿方竟楠今后的学习，就像月季花一样，"惟有此花开不厌，一年常占四时春"。

5班的屈子航，他是清香远溢的中国兰，"非无脚下浮云闹，来不相知去不留"。他自觉排除外界的干扰，静心学习，期末考试是第38名。

7班的胡浩东，犹如冬天里的腊梅花，不争春色，踏实低调，一步一个脚印地走向目标，近几次考试一直在进步。虽然基础不好，但他比别人多付出了几倍的努力。我相信这朵腊梅花，终有一天，"待到山花烂漫时，她在丛中笑"。

8班的潘嘉怡，远离父母家人，外地求学，莘莘学子之中犹如一朵小小的苔花。她学习踏实勤奋，习惯良好，用汗水浇灌梦想，用努力回报家人，用实力证明自己。她是班级同学的好榜样！"苔花如米小，也学牡丹开。"终有一天，她会成为国色天香的牡丹花。

十位同学十个样，十位高人十面旗。当我把这十位同学当成高人时，台下有同学心里一定不服气，他们哪里是高人呀？他们不就跟我差不多吗？

你说的没错，其实这十位同学只是代表，只是符号，只是象征，他们只是高二年级所有高人的 n 分之一。高人本身就来自普通人，只要你肯付出比一般人更多的努力,你也会成为高人。

如果你才是真正的高人,那么,现在请为他们的成功喝彩、为他们的幸运鼓掌吧!

◎ 颁奖仪式现场

大家都是同路人,就要努力与高人同行。这样,你的格局就会越来越大,你的视域就会越来越宽,你的目标就会越来越高;这样,"第一"会永远是高二年级的标志,"成功"会永远是高二年级的常态,"传奇"会永远是高二年级一轮又一轮"江湖上"的传说。

就算你已经是高人了,请你也一定要意识到:人外有人,天外有天,强中还有强中手。在学校,与其说你是高人,不如说你是高徒。高徒不是从天而降,高二年级能够涌现出那么多高徒,那是因为你们的背后站着一大群默默无闻、甘为人梯的名师。

他们,才是真正的高人!

谢谢大家!

3　唯有读书高
——在 2018 年秋季开学典礼上的讲话

老师们，同学们：

大家好！

首先请允许我代表全体师生对加入九峰中学的新老师和新同学表示最热烈的欢迎！

小时候，父亲就对我讲"万般皆下品，唯有读书高"，这句话令我对读书充满了无限的遐想。

那个年代的农村，没有任何书刊，除了每天早中晚黄岩人民广播电台播放的新闻、革命歌曲、革命故事以外，一年仅有的几场露天黑白电影，还有大人们讲的故事，便是我们认识世界的窗口。

热得要命的夏天是最难熬的，但也是最难忘的。干完农活回来，天已大黑，吃过晚饭，跑到山溪里洗澡，然后搬出长长短短的大松木板凳，摇着大蒲扇，躺在屋檐底下纳凉，听父亲讲故事。

从《玉堂春落难逢夫》里，我懂得了要守护理想的爱情，需要读书；从《庵堂认母》里，我懂得了要有能力孝敬父母，需要读书；从《岳母刺字》里，我懂得了要有本事精忠报国，需要读书。

父亲的故事不多，只能反复讲，但我百听不厌。在那些没有电灯、没有电风扇、更没有空调的夏夜，记忆里父亲讲的故事新奇、有趣，这些故事连同忽明忽暗的萤火虫和此起彼伏的蛙声，深深地根植于我的心底，融入我的血液。它像酷暑里的一壶冰茶，镇住了我年少轻狂的浮躁；它又像寒冬里的一把烈火，燃起了我追逐梦想的激情。

在 1986 年盛夏的一个晚上，终于听到富山公社（富山乡）广播站播放的全公社只有戴梅青等 4 人考上大学、中专的喜讯。当时那种

"春风得意马蹄疾"的心情,如今依然感受得到。喜讯播放了一个星期,除了分享我们4人读书成功的喜悦之外,更重要的是它激励了成千上万的学子,激发了他们实现"鲤鱼跳龙门"的梦想。

考上了黄岩师范学校,我终于有机会大量阅读书籍,享受着"读书万卷""神交古人"的乐趣。那时正赶上改革开放,在"时间就是金钱"的口号下,我更加相信"书中自有黄金屋""书中自有千钟粟"的古训。

在快速推进工业化、城市化、现代化的浪潮中,"学好数理化,走遍天下都不怕"成为当时读书人的流行语。

一些时代的新词语也应运而生:万元户、脱贫致富、五讲四美三热爱、走穴、夏令时、独生子女好、帅呆了、皮包公司……

到大学去,到夜校去,到拿文凭的地方去,成为那个时代的潮流。

读书的热潮,推动了教育、文化、体育、科技等各方面的蓬勃发展。

中国女排的"五连冠",成为民族骄傲和时代精神的象征,激励着中华儿女奋发向上、顽强拼搏、追求卓越。

崔健的《一无所有》,用直击心灵的呐喊,诉说着在社会剧烈转型的年代,一群失落、迷茫、无奈的青年找到了释放自己能量的渠道。

张艺谋的《红高粱》,以浓烈的色彩、粗犷的风格,通过一群普普通通的百姓,塑造了敢生敢死、敢爱敢恨的民族精神。

史铁生的《我与地坛》,饱含着对生命的热爱、对亲情的珍视、对人生的感悟和对未来的向往。

……

一切似乎顺理成章,读书似乎也成为中华民族全民的好习惯。

然而,一切又应了"三十年河东,三十年河西"的那句老话。新观念、新思潮、新事物层出不穷,令人应接不暇:宽带、股票、追星族、蜗居、楼盘、半糖夫妻、传销、富二代……对于读书的认识,随着时代的变迁,也发生了巨大的变化。

北大毕业生卖猪肉、清华毕业生当保安的事件被炒作,"读书无用论"甚嚣尘上,一度充斥着社会的每一个角落。

"学得好不如嫁得好""学好数理化,不如有一个好爸爸"成为当时的流行语。

由孩子任性,给孩子让步,哄孩子开心,不读书成为一些学校的常态。网上甚至有人调侃老师:考100分的学生,你要对他好,以后他会成为科学家;考80分的学生,你要对他好,以后他会和你做同事;考不及格的学生,你要对他好,以后他会成为企业家;中途退学的学生,你要对他好,将来他会成为比尔·盖茨或乔布斯……

终于有个牛人——复旦大学教授钱文忠语出惊人:"不能再对孩子让步!"

"不读书、不吃苦,你要青春干什么""为什么要考好学校",这些声音重新响起,甚至有人用数据来论证读书的重要性:

2016年,《国际金融报》的记者对中国A股500位上市公司的高管的教育程度做了数据分析,发现84%的人拥有高等学历。

A股上市公司董事长薪酬前十中,8位第一学历是国内"985"或"211"大学。

年薪百万的董事长中,84%的人第一学历为本科。

有人用知名企业创始人的高考成绩来说明,"读书无用论"才是最大的时代谎言:百度创始人李彦宏是阳泉市的高考状元,巨人集团创始人史玉柱是怀远县的高考状元,京东创始人刘强东是宿迁市的高考状元……

亲爱的同学们,你们还有什么借口不认真读书呢?

上个月的月底,一则"小伙在建筑工地上收到北大录取通知书"的新闻和另一则"河北寒门女以707分考入北大,短片《感谢贫穷》看哭无数人"的新闻感动了亿万网友。

亲爱的同学们,谁说寒门难出贵子呢?你们还有什么借口去抱怨你们的起跑线不如别人呢？

亲爱的同学们，"少壮不努力，老大徒伤悲"，流传了千年的古话，难道会过时吗？

一位平凡朴实的农民工，一位想让孩子们懂得只有读书才能改变命运的农民工刘大刚，他在河南省实验中学做工时，随手将自己的人生感悟写在黑板上：

——不奋斗，你的才华如何配上你的任性；不奋斗，你的脚步如何赶上父母老去的速度；不奋斗，世界那么大，你靠什么去看看。

——一个人老去的时候，最痛苦的事情不是失败，而是我本可以；每个人心里都有一片海，自己不扬帆，没人帮你起航；只有拼出来的成功，没有等出来的辉煌！

亲爱的同学们，难道你们也要等到失去读书的机会后，再去感叹"盛年不重来，一日难再晨，及时当勉励，岁月不待人"吗？

沧海桑田，时光早已越过了"万般皆下品"的年代，作为教育者，作为受教育者，我们早已明白了"行行出状元"，也明白了才学与财富不一定成正比，但是我们更应该懂得"人生不止于眼前的苟且，还有诗与远方"，懂得读书的真正高度就是"为天地立心，为生民立命，为往圣继绝学，为万世开太平"！

谢谢大家！

4　规则下练就硬功夫

——2018 年在首次接待实习生活动上的讲话

上学期，有老师告诉我，她的母校哈尔滨师范大学想派学生到九峰中学实习，我确实很高兴，这说明九峰中学的办学得到了哈师大的肯定。整个校园面积加起来不到哈师大一个足球场大小的学校，一个只有 10 年办学历史的学校，一个纯粹的民办学校，我们凭什么得到哈师大的肯定呢？我细细想了一下，应该就是我们出色的办学思想、管理理念和教学质量。而这一切都源于我们拥有一套严格的、公平公正的规章制度。

在招聘老师的时候，我经常会提到九峰中学的两个特点：一是学校拥有一支年轻的充满活力的师资队伍，我校教师包括我在内的平均年龄不到 26.5 岁；二是学校追求公平公正，这里很干净，没有潜规则，没有山头，没有帮派，完全按照规章制度办事。

学校第一次接受实习老师，我们没有任何经验，我们也反复考虑，应该怎么做。

我们非常清楚，你们在这里的实习时间只有两个月，无论从哪种角度来说，你们只是九峰中学的客人，对待客人，理应"热情、宽容、迁就"。这样的态度，应该使你们在这里的两个月过得很轻松，很舒服，很开心。这一点是九峰最容易做到的，因为我们只要不管或者少管就可以了。你们想想看，世界上还有什么事情比不管或者少管更省心呢？

但是，开心之后是什么呢？激烈竞争的残酷现实绝不会因为我们的热情、宽容、迁就而改变，它要的是"凭本事吃饭"，要的是闯荡江湖的硬功夫。

实习的目的，以我之见，就是要学点本事。那么，九峰中学能够让你们学到什么本事呢？

两个月的时间,我们无法教会你们成为从容不迫、侃侃而谈的真正老师,我们无法教会你们成为思想活跃、应付自如的真正班主任,我们也无法教会你们成为开拓创新、格局宏大的真正校领导;九峰只能教会你们一种态度,一种严格遵守规章制度的态度,一种追求公平公正的态度。

◎ 实习生合影

既然是公平公正,你们在九峰的两个月就不是客人,而是九峰人;既然同是九峰人,同是一家人,我就不说两家的话。希望你们在接下来的日子里,说什么话都要以九峰的理念为核心,做什么事都要以九峰的规范为准则,严于律己,不折不扣地完成学校布置给你们的每一项任务。

这样,你们可能就成了今年哈师大所有实习生中最特殊的一批:不但选了一个条件最艰苦的地方,而且选了一个学习又是最辛苦的学校。或许你们会懊恼,或许你们会失落,但是,"宰相必起于州郡,猛将必发于卒伍",九峰艰苦的条件、严格的约束,正好成为你们学到本事、练就硬功夫的地方。

衷心祝愿各位实习老师在九峰生活愉快、工作顺利!

谢谢。

5　深情守望便是最好的教育
——2018年在校庆10周年大会上的讲话

丹桂飘香的九月,我们满怀无比激动和喜悦之情相聚在此,庆祝九峰中学创办10周年暨第34个教师节!在这特殊的日子里,请允许我代表全体师生向一直以来关心、支持学校发展的各界人士,表示衷心的感谢!向长期以来为九峰的发展壮大做出贡献的教职工,表示最崇高的敬意!

自从考虑要举办10周年校庆,我就一直在想一个问题,九峰连一个标准化、规范化的校园都没有,我们庆什么?当我告知大家决定校庆时,师生们都很高兴,果然是"子不嫌母丑"。我们因何而喜?又因何而庆?是因为九峰从3300多平方米发展到13300多平方米,还是从46个在校生发展到1200个在校生呢?是考出3个状元、73个重点,还是考出80%以上的本科率呢?是从当年的职业高中到如今的普通高中,还是从当初的黄岩美术高中,到现在的台州市九峰中学呢?

这些都是,又不全是。我觉得最值得庆祝的是九峰能够在办学场地狭小、硬件设施简陋、教师群体年轻且没有多少教学经验的情况下,依然豪情万丈,克难奋进,创造出一个又一个奇迹。这里面一定蕴含着一种能够引领师生们10年以来相濡以沫、风雨同舟、不离不弃的能量,这种能量已经凝聚成了可贵的九峰精神!

什么是九峰精神呢?

细细回顾,九峰精神就是那种全校教职员工在面对学习、生活、工作中出现的问题、困难和矛盾时,能够以坚毅的态度、超常的勇气和巨大的热情迎难而上,百折不回,敢于斗争、敢于胜利的英雄气概!

在今天这个特殊的场合,回首往事,我情难自已。请原谅我唠叨一些老故事。

2006年3月,我想到了办学,于是满怀憧憬地跑到市教育局咨询办学事宜。领导告诉我,办学至少具备两个条件,一个是在城区至少拥有16600平方米以上的校园,一个是300名以上的在校生。当时我就傻乎乎地问:"学校都没有批给我,哪来的在校生呢?"领导说:"这我就不知道了,到底是鸡先生蛋,还是蛋先生鸡。"

这一打击让我第一次感受到"理想很丰满,现实很骨感"的无奈。心灰意冷了很长一段时间后,激情重新点燃,并且燃成了不达目的不罢休的熊熊火焰。2008年5月22日,黄岩美术高中终于诞生了!

10年奋斗,使我明白:理想原来就是一个彩蛋,它很脆弱,别人可以不费吹灰之力将它踩破;理想又是一枚金蛋,它很强大,只要你用足够的勇气、智慧、爱心去守护,终有一天它会破茧而出,成为一只光彩照人的凤凰或展翅万里的鲲鹏!

2008年5月26日,我来到江西师范大学招聘第一届老师。我与同学们口头约定:"如果我们有缘分,你能相信我,我们7月1日黄岩见。"我们的宋永东、李潞、陈艳红等6位同学来了。这几位初出茅庐的年轻人,再加上从2006年起就在画室工作的王晓晓,就是我们这样一个简单组合,驾起九峰这一叶扁舟,扬帆起航,驶向了未知的风浪中。

10年风雨,使我明白:忠诚有时候只是一个美丽的谎言,它像一抹彩虹,一旦心中失去了阳光,便会一去无踪;忠诚又似一轮红日,如果真情守望,就会演绎出桃园结义般的传奇,光照千古,传颂万世。

普京说:"我宁愿因忠诚而被绞死,也不愿为了偷生而背叛。"忠心义胆,感人至深。他又说:"没有忠诚,能力一文不值!"确为至理名言。10年来,我常想,在老校区,面对如此简陋的硬件,如此低端的生源,如此高强度的工作,我们的第一届老师假如一个又一个地全部逃离,我们还会有今天这个样子的九峰中学吗?会有我们今天的如此相聚吗？我建议，在这特殊的日子里，让我们把最热烈的掌声送给我们第一届5位老师。他们是九峰教育的功臣，是九峰教育的楷模，更是九峰教育的灵魂。

◎ 庆典仪式现场

前三届老师，大部分都是年近七旬的叶春文老先生陪我一起招聘的，很多老师就是被他独特的气质吸引过来的。他最明显的特点就是办事专注，听课时经常一坐就是一个多小时，雕像般纹丝不动。他说："待人专注认真，别人就不会敷衍。"

2015年11月，黄昌荣校长、张林、徐燕红和我4个人在哈尔滨师范大学招老师，那一天有500多位学生应聘，我们从上午9点一刻不停地工作到凌晨2点半，才把所有同学的面试结果通知完毕。第二天，一位同学说："老师，我很遗憾没能进入九峰，我相信九峰一定会成为名校的，我从来没见过一个用人单位像你们这样的专注认真。"

10年经历，使我明白：一时的专注就像晶莹剔透的露珠，晨风一吹，阳光一照，精彩就会瞬间消失；长久的专注恰似涓涓细流，看似平静，但时刻在孕育着万千奇迹。

提起民营、民办，很多人首先想到的是赚钱，却往往忽视他们的社会价值所在。作为民办学校，我们是怎么做的呢？

我校第一届在校生只有59人。从经济效益角度考虑，一个班最划算，但我们把他们分成3个班，其中9个普高线以上的学生组成一个文化班，由9位老师来教这9个学生，付出的成本可想而知。

这种做法后来成为九峰的传统。我校今年高三物理选考班只有4个学生，上一届地理选考班只有3个学生，上一届通用信息选考班只有1个学生，前几天刚开设的高二日语班只有4个学生，这样人数的班级，我们照样单独开班，除了以人为本的教育情怀以外，还能怎么解释呢？

10年拼搏，使我明白：一时的情怀就像惊艳一刻的昙花，长久的情怀如同圣洁的百合，传递着九峰老师无私的大爱，彰显着九峰老师高尚的追求。

我校第一届开学典礼的时候只有46位学生，其中五分之四的学生成绩在普高线以下，他们的思想状态、行为习惯、学习态度可想而知。对他们该怎样进行最有效的管理呢？一句话："治乱世用重典。"

岂料，9月1日公办学校开学后，一位同学实在吃不了黄岩美术高中的那一份苦，转学走了。宋永东老师找我说，如果继续这样整治，说不定学生都会逃走，你怕吗？我的确怕，但我想了想，对他说："从严治校的理念不动摇！至少这中间有我的4个亲戚朋友的小孩无路可走，逃不了。哪怕只留下4个人，如果教好了全上本科，我们的本科率不就是100%吗？"

多少年来我都在想，假如当初我们为了留住学生，留住钱，向苦、向乱、向颓废妥协的话，学校可能早已沦落成一所只有学生数、没有升学率、没有口碑的、苟延残喘的末流学校了。

10年探索，使我明白：严格就像哈哈镜，为了减轻压力，调节心情，人们可以随意改变角度，从中看到各种扭曲和变形；严格又似照妖镜,如果你严肃守护,它就会照出牛鬼蛇神,扫除丑陋低俗,送你光芒万丈的朗朗乾坤!

每到开学季,整车整车的教材送到学校,你会看到一位长期不变的搬运工,有时候带着一群小伙子,更多时候只是一个人不分周末假期,汗流浃背地搬运、登记、整理、分发,他就是项东京老师。让一个高等院校毕业的高材生当搬运工,同样,让全体像项东京一样的大学毕业生在路口当交通协警,也许只有九峰才会有。字典里的奉献,我想应该就是这样的含义吧。

想一想,我们的老师能够把看起来毫不相干的工作都做到极致,你说对于教书育人他会敷衍了事吗?

10年检验,使我明白:一时的奉献好像一杯烈酒,让人畅快淋漓,但它来得快去得也快;长久的奉献似一泓清泉,滋润着大地,能够化腐朽为神奇,化平凡为奇迹!

今年5月9日上午,画室安装教学一体机,需要对美术老师进行操作培训。我到画室时还有3位美术老师没有到,于是马上打电话给培训部主任程爱真老师,程老师电话里说:"我刚刚都通知了,但我请假,1小时之前,我刚生了小孩。"

当时我很惭愧,也很感动。惭愧的是,作为当家人,老师生小孩不但没有关心她,反而还催她工作!感动的是,我们的老师生小孩时还想着学校的工作,还不忘履行职责,这是何等的担当!

10年磨炼,使我明白:挂在嘴上的担当是天边的云彩,随时都会随风飘散;落在实处的担当就是让沙漠变成绿洲的雨露。

学校第一任工会主席陈妮妮老师是大家公认的好人之一,凡是有人找她帮忙,她从不拒绝。妮妮2009年来到九峰,她的男朋友在湖南,一直催她回去结婚。2015年她已经第二次签约期满,可以理所应当地回去结婚了。但那时她带的理科班是高二,学校里没有其他教理科班的数学老师,如果她走了,这个班基本上就没了希望。当学校跟她讲明困难后,她花了很大功夫做通了男朋友的工作,推辞了婚期。她带出了第一届理科班,回去结婚那一年,已经32岁了。

办学以来,有许多像妮妮一样心地善良的老师,任何情况下都不会中途扔下学生,他们不但有始有终,而且急人之难,即便他们现在离开了九峰,九峰永远不会忘记他们所做出的贡献。

10年相处,使我明白:一时的善良是一束玫瑰,当你赠送他人时也为自己留下了余香;长久的善良是一盏心灯,照亮别人前行的脚步的同时,也装点了自己生命中的诗和远方。

2018年6月13日,我收到原高一段两位同学的来信,其中一封有这样的内容:"'非常之人做非常之事',老师,这是您在首届开学典礼上讲的,您的话我信了,可是这么久的生活和学习让我不得不怀疑,我们是不是像您说的那样真的是非常之人?九峰中学的学生很刻苦、很用功,但在个人修养和文明习惯上,还是有很多差劲的地方,比如男生浴室里的花洒隔三差五地被偷,水龙头上的开关被人拿走,有人吃完泡面把残汤饭渣直接倒在水槽里,有人居然盗取他人的照明灯,有人偷偷抽烟,有人熄灯之后疯狂玩手机。希望您为了学生的未来、学校的未来,严肃整治这种风气,我们盼望未来变得更好!"

也许在座的你会在心里说,这位同学小题大做,吹毛求疵。那么请问,在学校哪些事情算是大事呢?我们应该表扬这位同学,作为读书人就应该做到"风声雨声读书声声声入耳,家事国事天下事事事关心"。

10年观察,使我明白:关心细节的人会要求自己不以恶小而为之,不以善小而不为;事事关心的人才会有担当意识和家国情怀。

2018年元旦,一位过去的家长在朋友圈发出感想:"假如人生重来,我还会让孩子就读九峰中学。"这是今年让我最感到暖心的话。上学期期末,余丽君老师电话里说,陈罗吉从温州大学小学教育专业毕业了,想回母校工作。我马上打电话给陈罗吉,她说:"我既然回黄岩教书，那就肯定先选择母校。"这是感恩母校最朴素的一句话。

10年教学，使我明白：偶尔的感恩之心犹如黑夜中的一丝光明，令人惊喜温暖；长时间的感恩之心似宇宙中的太阳，给大地带来生生不息的活力。

说九峰10年，选了10个故事，这只是九峰传奇的冰山一角。我给以上10个故事起的名字分别为：理想、忠诚、专注、情怀、严格、奉献、担当、善良、关心、感恩。

就是因为坚守这样的品质，如此局促的空间、简陋的硬件，反而成为磨炼我们意志的磐石。

就是因为坚守这样的品质，我们才会不断地披荆斩棘、砥砺前行，才能从一个胜利走向另一个胜利。

上个学期，新桥中学吴恩光校长带领学校领导班子参观我校，他说："看了九峰中学之后，我再也不说硬件不好、条件不足的话了，九峰办学告诉我，办好学校，硬件固然重要，但是精神更重要！"

◎ 庆典仪式现场

从九峰走出的学子，多少年后蓦然回首，或许会发现，在九峰的三年，最大的收获不是考上心仪的大学，而是学到了一种"坚韧奋进、追求卓越"的九峰精神。只要你坚持发扬九峰精神，将来无论从事什么样的工作，无论拥有什么样的生活，你都会是一个充满正能量的人，一个充满阳光不断进步的人，一个充满爱心不断成功的人。

10年校庆，我们就是要讲述好九峰故事，学习好九峰故事，传递好九峰故事。九峰的传奇故事告诉我们：任何事都不是因为有了希望才坚持，而是因为坚持了才有希望；不是因为有了机会才争取，而是因为争取了才有机会；不是因为拥有了才付出，而是因为付出了才拥有！

10年已过，未来已来！九峰的未来该是什么模样呢？

美国作家威廉·庞德斯通在《财富公式》一书中说到一则财富定律：对于白手起家的人来说，如果第一个100万花费了10年时间，那么，从100万到1000万也许只需要5年，再从1000万到1亿，只需要3年就足够了。

白手起家的九峰，第一个10年我们考出了73个重点，根据以上定律，只要我们矢志不渝，勇毅前行，考出730个重点，时间应该不是很遥远！

以上定律告诉我们：只要我们坚持发扬九峰精神，九峰就会像一辆行驶中的汽车，只要踩上油门，它就会疾驰如飞！

以上定律告诉我们：只要我们坚持发扬九峰精神，九峰的未来一定是台州市最优秀的学校！

6　愿你永远只是长大，而不是变老

——在 2019 年学生成人仪式上的讲话

亲爱的同学们：

大家上午好！

今天是一个庄严而神圣的日子。历经 18 年的学习、努力和奋斗，你们即将步入成人殿堂。首先，请允许我代表学校，向大家表示热烈的祝贺和衷心的祝福！

我今天演讲的题目是：愿你永远只是长大，而不是变老。

我们渴望长大，但不是变老。

塞缪尔·乌尔曼在《年轻》一文中说："没有仅仅因为时光的流逝而变得衰老，只是随着理想的毁灭，人类才出现了老人。"

是的，理想是人生导航的灯塔，是生命永葆青春的动力源泉。

不同时代的脉搏共振，理想会散发出不同磁场。20 世纪 30 年代，我们到延安，到敌人的后方去；50 年代，我们到农村，到祖国需要的地方去；80 年代，我们到城市，到改革开放的前沿去；21 世纪第一个十年，我们到私企，到年薪百万的地方去；就要到来的 20 年代，我们到绿洲，到没有毒素、没有色素的地方去……追梦途中，我们一直在奔跑。

同一时代，理想的舞步也未必踩出相同的节拍。不要苛求别人的理想是否和你一样，也不要嘲笑别人的理想是否不着边际。王尔德在《温德米尔夫人的扇子》里说得好："即使生活在阴沟里，也有仰望星空的权利。"

要相信，每个人都有自己的发展时区，青春活力就是看你是否抓住正确的行动时机。被誉为"汉语拼音之父"的周有光，前半生是经济学家，50 岁开始研究语言学，100 岁出版《百岁新稿》，110 岁出版《逝年如水》。请问，他的人生什么时候才算老？

1981 年 12 月，邵逸夫在接受媒体采访时说："要问我什么时候退休，我告诉你，我永不退休。"工作到 104 岁的邵逸夫，他的人生什么时候才算老？

亲爱的同学，你今天 18 岁了，已经成年，可以不再需要成年人对你监护，但我担心的是：在这自由的空气里，会不会因为购物"淘宝"、吃饭"美团"、出行"携程"的便捷而迷失了方向？会不会以为拥有一部手机就拥有了生活，在麻烦和矛盾面前绕道而行，逐渐走向碌碌无为还不断地安慰自己"平凡可贵"？会不会因为"内事不决问百度，外事不决问谷歌"的轻松而失去了动力？会不会以为拥有一台电脑就拥有了知识，在竞争、压力、打击面前躲避退缩，逐渐变得世故圆滑，善于表演，完全彻底地丢掉了激情和理想？如果是这样，无论你是 18 岁还是 28 岁，事实上你已经成为佝偻于时光之中的老人！

臧一民在《没有深夜痛哭过的人，不足以谈人生》中感叹道："世界变成这样……70 后成长起来，还没有拿到这个社会的话语权，就发现身边满是威胁，威胁来自想取代自己、改变世界的 80 后；可是 80 后还没有达成愿望，就已经被成长起来的 90 后称为'老古董'……"

在瞬息万变的大数据时代，如果你想把仅有的知识当作标准配置，用不了多久，你就会发现只有你还在旧跑道上拼命奔跑，人家早已换了赛场，你的人生还会赢吗？要跟得上时代的步伐，唯有不断从生活中接收真实、善良、美好，不断更新自己知识储备的硬盘，不断自定义新的配置，你的生命才会永远年轻。

可能你会说，更新配置需要成本，甚至需要付出代价，但是成长本身就是一个不断受伤、不断痊愈、不断强大的过程。就像犹太寓言里写道：一个四周是围墙，出口只有一个小洞的葡萄园，一只狐狸太胖了进不去，于是它饿了三天，瘦成皮包骨头，进去了；吃到了葡萄，结果又出不来了，于是又饿了三天，瘦成皮包骨头，出来了。

可能你会说，这只狐狸不就是怎样进来，又是怎样出去的吗？美丽诱人的葡萄园，到底给了它什么呢？

一来一去，这就是人生！吃到葡萄的狐狸，才有资格言葡萄。

亲爱的同学，在这18岁的成人礼上，你一定是满心喜悦和自豪，对未来充满憧憬和期待。作为老师，作为长辈，理应祝贺你、祝福

◎ 成人礼现场

你，但祝贺不是放任，祝福不是敷衍。世界那么大，你一定要去看一看，但是，你真的准备好了吗？未来的路上，虽然风光无限好，但是难免风云变幻、江湖险恶，除了你自己不断成长，你想指望谁能帮你指点迷津、化险为夷呢？人生没有彩排，每次登台都是演出。俗话说得好，"台上一分钟，台下十年功"，除了自己不计成本地付出、修炼以外，你想指望谁能引领你高歌猛进、风生水起呢？

那么，你成长的成本，该投放在什么时段呢？

千里之行始于足下，理应投放在今天！每一个今天，就好像存放在银行里的本钱，它才是我们想要的全部世界。千万不要把所有的希望都寄托在明天，那只是银行付给你的利息，只有存入更多的本钱，才能拿到更丰厚的利息。经营好每一个今天，你才是永远在成长。

最后,借用周涛的《对衰老的回答》中的几句诗,与大家共勉:
让我生命的船在风暴降临的海面浮沉吧,
让我肺腑的歌在褒贬毁誉中永生;
我愿接受命运之神的一切馈赠,
只拒绝一样:平庸。
我不要世俗的幸福,
却甘愿在艰难曲折中寻觅真金,
即使我衰老了,我也是骄傲的:
瞧吧,这才是真正好汉的一生!
……
谢谢大家!

7 "拼命向上"与"努力奔跑"

——在 2019 年春季开学典礼上的讲话

1

去九峰公园看一看,你会发现,无论是松树、樟树,还是桂花树,同样直径的树,比起阳光充足却不成林的树,都要高出 1 倍、2 倍,甚至 3 倍以上,并且它们挺拔、修长、昂扬,令人肃然起敬。这源于在密集的环境里,树木为了得到阳光,它们都必须拼命向上。结果,大家都长得又高又直了。

树木如此,树人之道何尝不是如此呢?

学校营造"坚韧奋进,追求卓越"的氛围,正是为了使全体同学变得更优秀。在这看似苛刻、残酷的环境里,哪怕你天生就是一只跑得很慢的乌龟,只要你不放弃,爬着也要跟着兔子们走,到了终点,回头一看,你已经立在巅峰!

我们可以向往"快乐教育",但更应该相信泰戈尔说的:"你今天受的苦、吃的亏、担的责、扛的罪、忍的痛,到最后都会变成光,照亮你的路。"

我感动于陈道明在北京卫视《传承者》节目现场即兴说的一番话:"……我在天津人艺,有七年时间在台上一句台词都没有,这场演匪兵,下一场演伪军,再下一场演特务,再下一场演八路……我在想,人在各种职业当中,要有一种甘于寂寞的精神……"

我感动于任正非接受采访时说的话,华为能够以实业发展到今天的地步,很大程度上得益于一条路走到底的坚持,28 年来"对准一个城墙口持续冲锋"。

2

在学校,你每天起得早,睡得迟,抓得紧,学得快,已经成为常态,成为习惯。

一旦离开学校这片密林，寒假回到家里，你又是怎样的状态呢？很多家长向我吐槽，有的是"胡吃海喝昏昏然"，有的是"沉溺游戏飘飘然"，有的是"低头追剧戚戚然"。

恐怕连你自己都不敢相信，同样的一个人，状态居然有天壤之别！

状态决定结果。原本计划一星期完成的寒假作业，可能大部分原封不动地回到教室，这个时候你才感叹："时间都到哪里去了呢？"

感叹之余，你会发现：班上总有一些人，在完成作业的同时，或阅读好书而涤荡心灵，或行路万里而开阔视域，或问道师长而感悟人生。在他们面前，你会突然觉得，自己矮了一截！

这些同学，同你一样没有三头六臂，那么他们又是如何成为高人之中的高人而木秀于林呢？

真正优秀的人，一定都有苦行僧般的自律！

我敬佩澳门赌王的儿子何猷君，他出身豪门却不放纵，23岁之前从来没有给自己放过一天假；连续两年在"世界数学测试"邀请赛中获奖；参加湖南卫视《我是未来》、江苏卫视《一站到底》《最强大脑》等节目，表现上佳。

我敬佩张丰毅，60多岁了，6块腹肌不离身。不管什么条件下都会坚持运动不放纵，他在接受采访时说："……在剧组中也会每天运动，睡前抽空锻炼一下，第二天早晨比其他人早起半小时运动。"

3

董卿朗诵林清玄的《心田上的百合花》，我百听不厌，而且每次都被感动得热泪盈眶。

百合刚刚诞生之际，长得和杂草一样，但它内心深处有一个纯洁的念头："我是一朵名叫百合的鲜花，不是一棵野草，唯一能证明自己的方法就是开出美丽的花朵。"

但是，追求美好愿望的道路必然是艰难曲折的，百合于是就"努力地吸收水分和阳光，深深地扎根，直直地挺着胸膛"，在充满鄙视、讥笑的竞争环境中不放弃。

几十年后，山谷里到处开满了洁白的百合。

不管别人怎么欣赏，满山的百合不放纵，都谨记第一株百合的教导："我们要全心全意地开花，以花来证明自己的存在。"

亲爱的同学，你的未来是百合还是野草呢？

在学校这片密林里，只要你经常仰望星空，一心向着目标前进，不放弃、不放纵，世界一定会给你让路！

亲爱的同学，你若盛开，清风自来。北大的连翘花、清华的紫荆花、人大的玉兰花、武大的樱花……正等着和九峰的百合花一起去描绘祖国的锦绣河山！

亲爱的同学，我们都在努力奔跑，我们都是追梦人。2019，加油！

8　202060
——在2017级高二期末总结大会上的讲话

各位老师、各位同学：

上午好！

你一定很惊讶，这是一组数字，怎么拿来当讲话的标题？

我觉得以数字当题目往往都是很牛的，比如007，比如F4……

我们高二段也很牛！上学期期末考试，我们优秀人数39人，生源比我们好的一所兄弟学校是51人，按人数百分比计算，我们优秀率9.3%，他们8.0%，高出1.3%！

有史以来，我们的英语平均分也超过了他们，超出了3.09分。另外，我们的物理平均分超过12.7分，生物超过8.72分，数学超过1.49分，通用信息技术超过1.1分。

更不容易的是，生物、通用信息技术的平均分还超过了本地有名的重点中学。

我们高二段很牛，不单纯牛在优秀人数和有些单科平均分比我们的兄弟学校好，牛就牛在我们的初中基础几乎都不如他们，却考出比他们好得多的成绩。

我们高二段很牛，不单纯牛在考试成绩，在文体活动各个方面都很牛：在首届市直普通高中文明校园评比中，高二（9）班荣获"十佳文明班级"称号，高二（9）班的0120寝室荣获"十佳文明寝室"称号，高二（7）班的0208寝室、高二（10）班的8318寝室，荣获"文明寝室"称号；高二（1）班的王博靖同学获市直第3届运动会200米第一名，高二（4）班的冯戴智同学在全市演讲比赛中获第二名，舞蹈社的舞蹈《天浴》在市直中小学艺术节中获团体二等奖。

我们高二段牛，牛在我们的身上闪耀着前三轮很多"第一"的历史光环；我们的牛，牛在我们的心里有着明确的奋斗目标。我们的目标是什么呢？

目标就是今天讲话的题目——202060。

这是一个怎样的目标呢？最通俗、最基本的解释就是2020年，我们这一届高考文化课重点人数至少60人！

那么，我们又是如何对待202060这个目标的呢？

我们的老师无论是段里开会还是发通知，无论是成绩分析会还是奖项设置，都是使用60或者是202060，就连我们的班主任在黄岩中学带考时，拍合影照摆个造型，居然也是202060！其目的就是为了使目标入脑入心入行。

记得去年，你们第一学期期末考试成绩刚出来的时候，我刚好在市教育局一位领导的办公室。他正在看成绩，我们的优秀人数只有3个人，他很惊讶："啊！你们高一的成绩怎么这么差啊？"我笑着对他说："我们历届高一都是很差的，看高二吧，我想应该能考30个，到高三再翻一番。"

我说这番话不是吹牛皮，我敢说出来是因为对202060充满信心。果然如此，高二期末我们优秀人数达39人。现在，我更加有理由坚信，高三翻一番，至少60人！

我们的成绩是怎么来的呢？是老师们天天"202060"喊出来的呢，还是他们天天在心里"202060"祈祷出来的呢？

都不是！

让我们一起回顾一下发生在我们身边的一些故事吧。

全校有14位老师是严重超工作量的，也就是超出规定班级数。多带一个班以上的，我们段里有8位老师，占全校总数的57%；其中一位老师既当班主任，又兼行政职务，每周上31节课。这8位老师，真的很"牛皮"了！

一听说哪位老师出差，马上就有老师去抢着要求换课；当该老师出差回来向那位老师要回这节课时，那位老师就装作一副无可奈何的样子，说现在走班选课，我的课排不回来，您老就给我算了吧。就这样，把课"赖走了"。这些老师，其他方面绝对讲信用，唯独抢课"赖皮"了！

有一位老师连续5周利用周日下午，让成绩在70—90分的部分同学回来培优补差，长期"榨用"学生的周末时间，他的"傻"学生还居然乐此不疲，这位老师真的太"扒皮"了！

有一位老师因为一次考试班上成绩很差，士气低落，她在每位同学的作业本里都写了一句："某班，加油！"请注意细节，不是某某加油，而是某班加油，作为一个集体荣誉感很强的学生，你还好意思拖全班的后腿吗？这么一个暖心的细节，她的"傻"学生就感动了，而且班上成绩现在也大幅度提高了。做思想工作就用4个字，这位老师也太"啬皮"了。

有一位老师带着班上的一位学生去找同事帮忙，他说："哥，你收下他吧。"那位同事看了学生一眼，说："事情多，忙不过来。"这位老师又恳求道："哥，你还是给我个面子，帮帮忙吧。""他是谁？"这位老师马上说："我儿子，爷，你就收了吧，谢谢爷。"为了叫同事帮忙，同龄人居然称呼"爷"，这位老师也太"俏皮"了。

班级搞活动，学校惯例就是自出节目、自挤时间、自掏腰包。为了元旦文艺演出，一位家长带着自己公司的全部员工，义务为全班40位同学化妆。在没人邀请的情况下，自己主动帮忙，这位家长也太"涎皮"了。

有一位家长是学校的忠实粉丝，学校公众号的内容他每次都点赞、大篇幅评论再转发。有一次，孩子在学校与老师发生矛盾，到学校，他对孩子说的第一句话就是："老师批评你一下你就觉得没面子了吗？我不听你的任何解释，什么公平不公平？就算老师今天打了你的左脸，我就打你右脸，这样应该扯平了吧。这就是学校和老爸给你的面子，接受得了学校和老爸给你的面子，你将来到社会上去才会真正有面子。"听听，这是什么歪理？这位家长真的也太"泼皮"了。

有一位同学为了背书不影响其他同学，经常一个人躲到角落里，读着读着，有时候就读到厕所里去了。我的同学，那里确实安静，确实不会影响别人，但是你也太"通皮"了。

本次期末考试，1、2、3班共有6位同学进入年级前60名，其中一位同学入校成绩是全校倒数第2；另外，1、2、3班共有27位同学本次考试进入全校前200名。他们不容易，他们都"蜕皮"了。

◎ 仪式现场

牛皮、赖皮、扒皮、啬皮、俏皮、涎皮、泼皮、通皮、蜕皮，9个故事9张皮，我看张张是牛皮，你说如此牛皮的老师、如此牛皮的家长、如此牛皮的学生阵营，难道还考不出60个重点？

如果我们的重点人数超过60人，那么余下的同学至少也是二本以上，这就是我本学期开学典礼说的在密集的环境里，每一棵树木都会长得又高又直的道理！

这也就是为什么如此牛皮的高二段，上学期临近期末还在不遗余力地整顿内务、整顿两操、整顿两读，为的就是不想失误一点点，不想懈怠一分钟，不想落下一个人！为的就是彻底、完美地实现202060的目标！

9 才子词人，自是白衣卿相
——在 2019 年九峰中学阅读高峰论坛上的讲话

很多朋友总是问我："九峰中学校园空间如此局促，教学设施如此简陋，生源基础如此薄弱，到底是凭什么取得如此骄人的业绩的呢？"

我说："是老师们的努力，同学们的刻苦。"

总有朋友不依不饶地问："难道其他学校的老师、学生就不刻苦努力了吗？"

显然，我的回答他们不认可。

难道是因为九峰有最公平的规章制度，老师有最丰厚的工资待遇，师生能够得到最暖心的人文关怀？

显然，也不是！

到底是什么力量，让九峰具有如此强大的向心力、凝聚力、战斗力呢？

请允许我先给大家分享几个发生在身边的小故事。

2009 年 12 月 25 日，宋永东老师参加黄岩区德育工作交流会，他发言以后，我马上收到时任区职成教科科长虞银满的短信："你们学校的宋老师讲得好，条理清楚，理论联系实际，极具思想性，看来他读过很多书。"

2013 年 4 月 28 日，台州市黄岩区九峰高级中学举行揭牌仪式。我们邀请了区、局领导以及全区中学的所有校长一起见证这个难忘的时刻。仪式由李潞老师主持。很多校长对李老师赞不绝口，他们说："李老师个子小气场大，谈吐不凡，一定读过很多的书。"

2019 年 1 月 14 日晚上，在新教师继续教育培训结业典礼上，一位拿着相机拍照的女教师发表了慷慨激昂的即兴演讲。她严密的逻辑、

9 才子词人，自是白衣卿相

渊博的知识、抑扬顿挫的语气，彻底地征服了在场的老师。她就是吕嘉英老师。大家纷纷称赞吕老师肚子里有货，读了不少书。

三个故事，三个不同的人物，得到的好评是相同的，腹有诗书气自华，他们一定读了好多书。

永东式的"宋词"，不断地在朋友圈里刷屏，而《九峰人与九峰精神》《教师与权威》等演讲，彰显出九峰的数学老师不但会教几何代数、方圆曲直，而且他们还有运筹帷幄、决胜千里的气魄！

李潞式的主持，不断刷新着人们的视觉亮点，而《大与小》《跨过那道线》等演讲，彰显出九峰地理老师不但会教日月星辰、四海九州，而且他们还有柳营试马、沙场点兵的雄风！

嘉英式的课堂，不断地在同事中人气爆棚，而《斯文在兹》《寻找初心的力量》等演讲，彰显出九峰语文老师不但会教之乎者也、遣词造句，而且他们还有纵论人生、指点江山的豪情！

三个故事，三个人物，只是九峰三个学科老师的代表；三个故事，三个人物，只是九峰读书故事库里的冰山一角。许多的永东、李潞、嘉英式的老师构成了九峰师资队伍的主体。那是一群才子词人，"才子词人，自是白衣卿相"，白衣卿相，必然是"居高声自远"。九峰正是因此才能够将普高线以下的学生培养起来考上本科，才能够将刚刚过普高线的学生培养起来考上重点，才能够教出区文科状元、省美术联考状元。

◎ 论坛现场

这就是我们要寻找的九峰力量的源泉，它源于才子词人们的满腹经纶,源于才子词人们一直以来对读书的热爱。

在人人都在拼命读书的强大磁场中,又有谁敢松懈颓废呢?

2016年7月4日,我在新教师培训班上做了《老师先行,从我做起》的发言。那天我是脱稿的,结束后毛小光老师调侃我:"我一路见证了戴老师的演讲在不断进步。"我对毛老师说:"如果我真的有进步,那要感谢大家,因为你们太优秀了,你们的演讲常常让我惊叹不已,为了在你们面前少出洋相,我必须要多读书,我时刻体会到'三天不学习,赶不上刘少奇'的道理。"

在本次读书活动中,有老师送给我一本罗恩写的《罗恩老师的奇迹教育》。罗恩的办学梦想是:"建一所不同寻常的学校。这将是一所充满创新意识的学校,拥有一群富有热情的教师,他们渴望以一种不同于以往的方式教育核子。"这些话,一下子引起了我的共鸣。

台州市九峰中学,当年的黄岩美术高中,才是一所真正不同寻常的学校:2016年之前,学校的性质还是职业高中,招进来的学生绝大部分是普高线以下的;没有一位有职称的老师,更谈不上名师、名校长了;再加上如此局促的空间,这一定是不同寻常了吧!如此条件,我们的办学目标却不寻常——创办一所一流的民办学校。这将是一所"坚韧奋进、追求卓越"的学校。

十年以来,我们正在一步一步地接近目标,这完全得益于我们"拥有一群富有热情的教师"。

老师们最大的热情,就是喜欢读书,坚持读书,那是老师们始终相信胡适在北大毕业典礼上讲的那一段话:"有人说,出去做事之后,生活问题亟须解决,哪有工夫去读书?即使要做学问,既没有图书馆,又没有实验室,哪能做学问?我要对你们说,你有了决心要研究一个问题,自然会撙衣节食去买书,自然会想法子来购置仪器。至于时间,更不成问题。达尔文一生多病,不能多做工,每天只能做一点钟的工作。你们看他的成绩!每天花一点钟看十页有用的书,每年可看三千六百多页书，三十年读约十一万页书。诸位，十万页书可以使你成一个学者了。"

转眼十年过去了，许多永东、李潞、嘉英式的老师始终坚持读书，现在已经成为师生敬佩、家长信服的才子词人。我希望，互动沙龙、高峰论坛这些读书活动，将成为我们九峰的常态，将成为我们九峰永不落幕的亮丽风景线。我坚信，二十年之后、三十年之后，你们这些白衣卿相一定就是新一代的魏书生、李镇西、苏霍姆林斯基、罗恩·克拉克。

10　英雄不问出处

——2019年在宋永东班主任工作室揭牌仪式上的讲话

我们先一起来看看民国时期清华、北大的几位著名的教授的学历：陈寅恪，曾留学美、日、德、法等国，但没有一张大学毕业证书；华罗庚，初中学历；梁漱溟，中学毕业；钱穆，中学没有毕业；沈从文，小学毕业……

这些教授都没有官方承认的大学文凭，按现在的用人标准，一定当不了公务员，也进不了事业单位，当不了老师，更不要说成为大学教授了。好在清华、北大不拘一格用人才，才没有使这些珠玉散落在草泽之中。

看一看这些教授的成就，我们不得不感叹："英雄不问出处！"

九峰办学已经10年，我们没有一位老师是省市级优秀教师、骨干教师、教坛新秀，也没有一位拥有诸如"春蚕奖""绿叶奖""浙派名师"等荣誉称号的人；但我们有一支素质高、能力强的教师队伍，他们来自四面八方，毕业于不同的高校。

我们能够把三流、四流甚至末流的生源培养起来，考出了80%以上的本科率，考出了黄岩区的文科状元，我们的老师难道不是教师行业中的英雄吗？

宋永东班主任工作室的建立就是想告诉大家，我们不要妄自菲薄。我们要有十足的信心，相信九峰特色的管理模式是正确的，九峰特色的教学模式是成功的。我们要有十足的信心，相信自己的实力，相信自己是高手。

宋永东班主任工作室的建立就是想告诉大家，我们也不要妄自尊大，人外有人，天外有天，强中还有强中手。该工作室就是想搭建一个互通有无、取长补短、共同提高的平台，让每一位热情参与的高手百尺竿头，更进一步！

◎ 仪式现场

宋永东班主任工作室的建立就是想传递这样一个信息：经过10年的孕育，九峰现在完全有资格、有能力、有实力、有责任建立名师、名班主任等各种工作室。该工作室的建立只是一个开头，接下来将有更多的班主任工作室、学科名师工作室建立起来。

年轻的九峰目前只是一所普通的学校，教师也都是风华正茂的年轻人，但"英雄不问出处"，相信在不远的未来，九峰的教师队伍建设一定会卓有成效，九峰中学也一定会名师众多，群星璀璨！

11　定叫长江水倒流

——在 2019 届高三学生毕业典礼上的讲话

各位来宾、各位家长、老师们、同学们：

上午好！

首先请允许我代表九峰中学全体师生预祝各位同学考上最理想的大学！

同学们，高考落下帷幕，高中生活结束了，你们再也不用担心会有老师从身后悄悄过来缴了你的手机，再也不用担心会有老师大着嗓门逼你起床，再也不用担心会有老师要你抄书订正作业了。

而我觉得，似乎什么都没有结束。昨天晚上，我又习惯性地转到你们的教室门口，一间一间地看过去，你们苦读的身影，一幕一幕地浮现在我的眼前。

三年来的一切就如同发生在昨日：2016 年 6 月 22 日，三友学校的校长唐雅兰陪着王娇同学来报名，说王娇是一个好学生，潜力很大，是一块考重点大学的好料；2017 年 4 月 27 日，我们年级的通用信息技术学考成绩揭晓，合格率是 98.7%，首战告捷；2018 年 2 月 5 日，林奕心同学找我商量了很久，到底是选择报考音乐专业，还是继续攻读文化课；2018 年 6 月 8 日晚上，在老校区画室外面，我与孙尉浩同学为了学习上的困惑聊了很久很久；2019 年 4 月 26 日晚上，我们年级第二次 7 选 3 成绩揭晓，全年级 260 分以上的有 30 人，我兴奋得直到下半夜了还睡不着；我也知道，那天晚上很多同学哭了，因为我们年级第一次 7 选 3 考试，260 分以上的只有 4 个人，没想到第二次考试就彻底翻身了！

同学们，我相信你们在放松心情的时候，一定也想到了学校。也许你平时抱怨最多的，是那个凹凸不平的跑操弄堂，是那间陈旧不堪的宿舍，是那条风里来雨里去的电大路口，是那些毫不迁就你的年轻老师。现在回想起来，是不是突然觉得一切都变得那么亲切，那么可爱，那么令人不舍！

◎ 毕业典礼现场

人非草木，孰能无情？三年，1095天的朝夕相处，怎么可能会在你我情感的内存里一下就删除干净呢？

相反，随着时间的推移和岁月的洗涤，你在九峰所经历的一切，只会在你记忆的硬盘里保存得越来越牢固。将来的某一天，蓦然回首，你会发现：三年以来，你觉得最简陋的硬件、最严格的管理、最委屈的泪水，正是你一生中最难忘的记忆，也是你人生道路上最值得珍惜的精神财富。

或许就在6月22日晚上成绩揭晓时，或许是在你为人父、为人母时，你会骄傲地说："幸亏当初选择了九峰中学，我当年连普高线都没上，却考上了本科大学；我当年连省二级重点中学分数线都没上，却考上了重点大学！"

那个时候，你会觉得，原来自己是多么地热爱我们共同的九峰中学。

九峰中学已经成为你的母校，成为只许自己骂、不许别人说半句坏话的神圣殿堂。作为奠定你健全人格的母校，作为送你进入高等学府的母校,一定是你永远梦牵魂绕的地方,是你永远的精神家园。

10年前,跟我学美术的郭挺同学考上中国美院。在美院隔壁的之江度假村,他捡到201万元的存折和3万元现金,足足等了2个小时,才等来失主。为此,中国美院专门写了一封感谢信寄给我,感谢我们教育有方。

前年,浙江师范大学来信,感谢九峰中学输送优秀学子,表扬黄丁格同学成为当年获得省政府奖学金的学生。

去年,我校2014届毕业生陈罗吉从温州大学小学教育专业毕业,回到母校当了老师。我问她为什么不去考公办学校,她说:"既然选择当老师了,就要回母校。"

每年10月,都是大学新生体质健康测试的时候。这几年,九峰毕业的学生在大一新生体质健康测试中成绩都不错。去年,在全市高中体质健康测试专门会议上,九峰中学受到了市教育局局长的表扬。很多人无法理解,九峰连运动场都没有,为什么体质健康测试的成绩还不错呀?我知道答案,那是九峰的毕业生有着比其他高中的毕业生更顽强的拼搏精神。今天,我同样希望在座的同学毕业以后,要继续坚持锻炼,而且永远都要坚持,只有拥有强健的体魄,才能更好地逐梦前行。

◎ 毕业典礼现场

11 定叫长江水倒流

同学们，18年以来，你从呱呱坠地到逐渐学会说话、学会走路、学会选择、学会坚持、学会感恩，取得了一个又一个的成功，这一切来自哪里呢？饮水思源，这一切都得感谢你身后的爸爸妈妈。是他们一路扶着你、护着你、爱着你，特别是高中三年，你因为学习上的压力、青春期的叛逆，经常抱怨、发牢骚，甚至无理取闹，而爸爸妈妈总是默默地把伤心和委屈咽到肚子里，把笑容和鼓励挂在脸上，始终如一地照顾你的生活，给你心灵上的慰藉，才让你有了今天的收获。

爸爸妈妈，你们辛苦了！让我们把最热烈的掌声送给我们最亲爱的爸爸妈妈。

同学们，在你未来的人生道路上，无论碰到什么困难，请记住母校教给你的四个字"坚韧奋进"，任何时候都要做到不言败、不放弃。

有人说："改变不了风的方向，那就改变帆的方向。"但你更应该说："有朝一日龙得水，定叫长江水倒流。"

这不是口号，也不是吹牛，凭着我们的生源条件，我们能够达到80%以上的本科率，还有人考上了"211""985"大学，那不就是创造了奇迹吗？那就是水倒流！你们都是九峰的学生，母校期待你们在未来的日子里创造出更多的奇迹，看到更多的水倒流！

同学们，今天是一个道别的日子，更是一个出发的日子。今后，无论你面对怎样的风景，只要你"坚韧奋进、追求卓越"，世界一定会给你让路！

最后，衷心祝愿九峰的孩子们一生平安，前程似锦！

谢谢大家！

12　高三，你要的是"三心两意"

——在 2019 年新高三起航仪式上的讲话

高三，不管你愿不愿意，不管你有没有准备，它就已经来到了你的眼前。面对高三，你想要的是什么呢？

你一定会说："高三，我要加倍努力，取得胜利！"

没错，这就像敌人来侵犯我们的家园，我们一定会说要把敌人消灭掉一样。但是，消灭敌人是需要一定条件的，至少要有军队、有武器、有粮草。

那么，取得高考的胜利，你需要什么条件呢？

每年这个时候，总有一些家长和同学来讲条件：高三了，我想把孩子接回家里住，家里睡得舒服；高三了，我想利用晚自习的时间出去补补课；高三了，我想请学校把某某老师换掉……

但是，10 年以来，满足了这些条件的同学，又有几人考上重点大学呢？一大批同学不来教室上晚自习的班级，最终又有几人考上本科大学呢？

相反，考上黄岩区文科状元的陈梦雅，身处美术班、最后考上文化课重点大学的周珂吉，中考成绩离普高线还差 50 多分、最后考上中国美院的蔡舒欣，他们从没提过什么条件。

如此看来，以上这些条件，无非就是麻醉自己、逃避努力、虚度高三的美丽借口而已。

当下，正处在中美贸易战之时，我自然而然地想起了 69 年前的抗美援朝。当时，我军同美军的武器装备相比较真是有天壤之别，而且当时新中国刚成立，百废待兴，我们有千百个理由说，没法打！

但是，美军飞机多次侵入中国领空，战火即将烧到鸭绿江边，我们还有找借口的机会吗？在这种条件下，毛泽东主席的态度是："打得一拳开，免得百拳来！"经过三年的浴血奋战，抗美援朝取得了伟大的胜利，彻底戳穿了美帝国主义"纸老虎"的真面目。

由此可见，人数众寡、武器优劣、粮草多少固然重要，但是要取得胜利，更重要的是看你有没有"横刀立马"的真心实意！

考场如战场，为了明年的今天能够扬眉吐气地说出一句"一切反动派都是纸老虎"的豪言壮语，那么，高三这一段时间，我们要具备哪些"真心实意"呢？

第一个"心"，就是要有取得最后胜利的信心。

我们先来看一个实验：生物学家把跳蚤往地上一扔，它能从地上跳起1米多高，但是在1米高的地方放了一个盖子，跳蚤跳起来就会撞到盖子，过了一段时间，拿掉盖子，发现跳蚤虽然继续跳，但已经跳不到1米以上了，直到生命终结，都是如此。

原来，经受多次挫折，跳蚤以为这就是自己人生的最大高度了，已经调整了自己跳跃的幅度，适应了这种生活，不再改变。

亲爱的同学们，我们是不是也过着类似的"跳蚤人生"呢？

假如屡次考试，你虽经挣扎，依旧徘徊在全校300、400名左右，这300、400名，是否已经成为你跳跃高度的盖子了呢？

如果是这样，学校满足你任何的条件，有啥用？

从成为高三学生的第一天起，你要重拾信心，屡败屡战，相信终有一天会是"山重水复疑无路，柳暗花明又一村"；相信终有一天，你会掀开压在你头上的1米高度的盖子，跳出你应有的高度。

第二个"心"，就是要有利用一切时间的恒心。

两年高中生活一晃而过，亲爱的同学，回想一下，你是如何支配你的课余时间的呢？

前不久，我和一位同学谈心，我问她："你还想不想考上重点大学？"

她说:"想!"

我又问:"周末在家,你是都在学习,还是边学习边玩呢?"

她说:"边学习边玩。"

我又问:"你觉得边学习边玩,还能考上重点大学吗?"

她一下语塞了。

本来还有几个问题,当时没有问下去,今天一起问大家了:"接下来的暑假、寒假,你是想参加张扬个性、体验刺激的夏令营、冬令营,还是想自觉紧闭房门、屏蔽信号,打造一个心无旁骛的读书集中营呢?今年的中秋、国庆、元旦、春节,你是欢天喜地过节日,还是埋头苦干刷题海呢?"

答案,爱因斯坦已经给你准备了:"人的差异就在于业余时间。"

进入高三了,如果你的心还在云游,不能利用点滴时间,你怎么能够掀开压在你头上的1米高度的盖子呢?

第三个"心",就是要有超越一切极限的狠心。

如果问黄中、路中、椒江一中的学生为什么成绩比你好,你一定会说:"他们初中的基础好。"

如果再问你:"他们为什么初中基础比你好呢?"

不忙于回答,先来看一个案例吧。

不久前,一位朋友说起他在椒江一中上高二的女儿。一天凌晨,朋友发现女儿正在书房里忘我地做题,朋友吓了一跳,问女儿:"你今天起床怎么这么早?"

女儿笑着说:"不是今天,已经快半年了,我已经习惯早上4:40起床了。"

朋友心疼得眼泪哗哗哗地流了下来:"每天如此,这可怎么行啊?"

他的女儿说:"没事的,我每天都有使不完的劲。我现在的排名在全校50名左右,不对自己狠一点,怎么能够实现考上浙江大学的目标呢?"

12 高三,你要的是"三心两意"

◎ 起航仪式现场

亲爱的同学,现在你明白优秀是怎么来的了吧?

亲爱的同学,别人已经很优秀了,还对自己那么狠,你还有什么理由不对自己狠一点呢?

但是,光有信心、恒心、狠心是不够的,你必须还要有两个"意"。

第一个"意",就是要有"身体是革命的本钱"的意识。试想,刚才说到的女生如果没有强健的体魄,如何能起早摸黑地学习呢?

第二个"意",就是要有钢铁般的意志。坚持不坚持,认真不认真,完全取决于你的意志。如果你有钢铁般的意志,那么所有的一切就会像歌德说的那样:"意志坚强的人能把世界放在手中像泥块一样任意揉捏。"

亲爱的同学,高三已经来了,作为老师,我很想送你一个轻轻松松取得成功的锦囊妙计,可是我搜遍古今中外,根本找不到这样的宝贝。我今天只能送给你上面说的"三心两意",你若做到,相信明年的夏天你不仅会给自己一个惊喜,还会给亲朋好友、给学校一个惊喜。

13　没有义气，哪来江湖
——2019 年暑假在新教师培训会上的讲话

20 世纪 80 年代初期，尽管改革开放的春风早已吹遍神州大地，但我的老家富山，依旧是那么的贫穷和闭塞，文化生活更是一片荒芜。读初二那年，镇上的大表兄结婚，去喝喜酒的时候，我平生第一次看到一本小说，书名叫《三侠五义》。这本已经有些破烂、连封面也没有了的书一下子让我入了迷，为了读书不知道误过几餐饭，每天休息的时间很少，我第一次真真切切地体会到什么叫"废寝忘食"。

回来以后的大半年，我都沉浸在小说的情节之中，完全被书中那些侠义心肠的故事所感染，"义气"两个字，就像钉子一样扎在我的骨子里面，再也拔不出来了。

后来，考上师范学校，考上大学，终于有机会阅读大量的书刊，但不知不觉之中，"义气"两个字始终影响着我。比如看《三国演义》，我深深地被"空城计""反间计""连环计""过五关斩六将""草船借箭""七擒孟获"等精彩故事所折服，但我更感动于"桃园三结义"。我经常想，如果没有刘备、关羽、张飞生死与共的兄弟"义气"，哪来蜀国的那一片江湖？哪来那些激动人心的三国故事？再看《东周列国志》，上下五百年，风云变幻，惊心动魄，里面的人物，比如名扬天下的孟尝君，他在落难时，如果没有那个弹铗而歌的冯谖出于义气，不离不弃，他又如何能够东山再起呢？

"没有义气，哪来江湖"的观念就这样深深地影响着我的学习、工作和生活。办画室 15 年，不管我招到多少不听话、不爱学习的学生，甚至是品行不良的所谓"坏学生"，出于"一日为师，终身为父"的义气，我都绝不会劝退学生。我总是努力地用真心感化学生，用行动改变学生。15年以来，我不知道多少次冲到学生家里把懒虫抓到画室里画画，不知道多少次陪"大闹天宫"的学生在派出所里熬通宵，不知道多少次到生病学生的家里安抚他们的情绪。15年以来，我把初中都没有毕业的张仁荣培养起来考上了嘉兴学院，把好几个被其他学校劝退的学生培养起来考上中国美院。这一切应该都是出于"义气"，这一切也赢得了学生和家长对我的信任。那个时候，大家都叫我"老戴"。

薪火相传，从我画室出去的学生，也是非常地讲义气。画室毕业多年的一位学生，在一个街道办事处当团委书记。有一次，几位朋友聚会聊到了九峰中学，有人说老戴为了赚钱，越搞越大。这位学生辩解道，老戴不是为了赚钱。结果双方争得不可开交。这位学生情急之下，把手中的啤酒瓶砸得粉碎，说："不跟你们争辩了，今后，谁敢在我面前再说老戴半句坏话，我就和谁断绝关系。"我听说后很感动，要知道，这位学生在当时是让我最头疼的学生之一。

渐渐地，我们创办了黄岩美术高中，"没有义气，哪来江湖"的理念，又像钉子一样扎进了黄岩美术高中、九峰中学的骨子里了。

2008年7月，首届新老师来到了黄岩美术高中，来到了一个不到半个足球场大小、正在装修的所谓校园。面对东拼西凑的23位学生，6位江西师范大学毕业还没有签约的新教师，如果不是出于义气，他们完全可以一走了之。但他们都留下来了，他们兑现了"一言既出，驷马难追"的诺言，他们用大写的"义"字，感化着一届又一届的新教师，为九峰的教师队伍增添了新的精神内涵。

九峰的老师，来自五湖四海，很少有黄岩本地人，这也形成了九峰特有的文化。无论什么样的聚会，老师们都是三句不离本行，聊着聊着就会聊到学生，聊到学校。有一次，几位老师聚会，聊到九峰的艰难，聊到九峰的未来，张秋生老师动情地说："在九峰好几年了，早把自己当九峰人了，即便哪天九峰不要我了，我就是开出租车也不会远离九峰。"

◎ 新教师招聘现场

或许，有人说，时代在变，观念在变，人心也在变，但是我们天南地北，相聚九峰，不是冲着"义气"两个字，我们又是因何而来呢？

我们要深刻地意识到，九峰教育是一番事业，它必将记入黄岩的历史，记入台州的历史，但对每一位老师来说，我们每一天的工作看起来又是那么的平凡和普通，平凡得用一个"√"或一个"✗"来体现，普通得每天都是重复不变的起早摸黑。在未来的日子里，我们很少拥有鲜花、掌声和赞扬，更多的可能只是委屈、批评和打击。在同事之间，你是斤斤计较于工作量的大小呢，还是像宋永东、王晓雨、殷雪娜他们一样，义不容辞地既当班主任，还兼部门工作，跨年级教30节、36节甚至更多的课呢？在压力、利益、荣辱面前，是冷漠地中途扔下学生另谋高就呢，还是像张秋生他们一样不忘初心，坚守"不离不弃"的义气，扎根九峰，演绎九峰版的"桃园三结义"呢？

每届新教师培训，我都会送同样的一句话，"不要问九峰能为你做些什么，而要问你能为九峰做些什么"。乍一听，你似乎难以理解，但

13 没有义气，哪来江湖

仔细想一想，九峰从无到有，从小到大，白手起家，聚沙成塔，难道不是许许多多老九峰人用甘于奉献、乐于担当的"义气"，把这句名言变成行动的最好印证吗？

◎ 新教师培训现场

十年以来，我们老一辈的九峰人，用"义气"两个字，已经闯荡出一片属于九峰的江湖。

十年已过，未来已来，今天，我们刚好处在一个建设新校园、走向新征程的起点，作为一位新教师，我们更需要"义气"两个字来担当一切。只要你讲"义气"，我们一定能够把九峰这一片"江湖"，发展成为一流的民办学校！

14 拿什么镜子看教育
——在 2019 年秋季开学典礼上的讲话

对着镜子看，你笑，镜子里的人也笑；你哭，镜子里的人也哭。毫无疑问，你完全相信镜子里的人就是你。

但是，我们忽视了一个细节，镜子里的你是一个左右相反的你。如果我们拿着一面镜子看世界，我们看到的是一个完全不同的结果，但我们毫无察觉。

镜子有多种：凸面镜把世界看小，凹面镜把世界看大，平面镜把世界看反，哈哈镜把世界看花……

人是万物的尺度。因为年龄、性别、职业、能力、兴趣的不同，我们会不经意地选择不同的镜子去看世界。同样一件事，人们会看到不同的结果；同样一个故事，人们会讲出不同的版本。一千个读者就有一千个哈姆雷特。

我们看教育又何尝不是对着镜子呢？

有人拿着凸面镜，把教育的作用无限缩小，猛烈抨击教育体制，把教育批得一无是处，甚至视高考为儿戏。2006 年，南阳的某考生成绩不错，但故意考了 0 分。2007 年，浏阳的某考生故意不答题，交了白卷。2008 年，镇雄的某考生故意将姓名、考号填在试卷内，交了白卷。同样是 2008 年，蒙城的某考生也交了白卷。在历经 10 年坎坷、饱尝生活艰辛之后，这位考生才悔恨当年错拿了凸面镜看教育，于是想要重新参加高考。他还真诚地劝说正在读书的学生千万不要放弃高考。为此，他还上了热搜。

凸面镜，会使人变得目光短浅，无法看到美好的未来。

有人拿着凹面镜，把教育的不足之处无限放大，只盯着不好的点，却忽视了美好的面。

每年招生季，总有家长和学生来参观学校，一看到九峰中学如此简陋的硬件，立即掉头而去。每年开学季，总有家长对我说："请您给我的孩子安排一个好一点的宿舍。"我理解天下父母心，但我不赞同家长这种表达爱的方式。要知道，教育不仅仅是在学校里读书，更重要的是要培养吃苦耐劳的习惯和克服一切困难的能力。能吃苦的人往往会化平凡为奇迹。

难道不是吗？

河北枣强县的王心仪，妈妈体弱多病，常年在家照顾生活不能自理的姥爷，家里还有两个弟弟，全家只靠爸爸微薄的打工收入来维持生计。从小学开始，王心仪就一直帮助父母承担家务，同时努力学习，积极上进。去年，终于以707分的成绩考入北大，她写的《感谢贫穷》，感动了无数网友，改变了很多人对"寒门难出贵子"的看法。

今年，张家港的女孩周芷晴，左眼彻底失明，右眼视力只有0.1，她上课用望远镜看黑板，用放大镜看试卷，别人用1小时做的作业，她要用1.5小时，最终以优异的成绩考上中国人民大学。

请问，亲爱的同学，任凭你怎样使用凹面镜放大你的困难，有王心仪、周芷晴她们的困难大吗？

如此说来，九峰跑操弄堂的局促、桔乡大道风里来雨里去的艰辛、宿舍的破旧，难道不正是你磨炼意志、锻造品格的最好条件吗？

凹面镜，会使人变得吹毛求疵，无法领略到生活的真谛。

有人拿着平面镜，站在自己的位置，穿上正义的外衣，看教育手段和教育方法，越看越对立，越看越相反，导致彻底误解了老师的本意，曲解了教育常识，违背了教育规律，破坏了家校互信。

株洲市育红小学，一个三年级女孩因迟到被女老师罚站数分钟，女孩父亲是株洲渌口派出所副所长，知情后，驱警车到学校，将女老师带走，并关入审讯室7小时……

平面镜，使我们视觉错位，判断失误，留下无尽的遗憾。

有人拿着哈哈镜，看教育现象，犹如刘姥姥进大观园，各种教育理念着实让人眼花缭乱：胎教、早教、学前教育、应试教育、素质教育、快乐教育、国际教育……

歌手刘欢和妻子一直秉承所谓的"快乐教育"，不强迫孩子做不喜欢的事。一次采访中，说起女儿的教育问题，他感叹："从小没有迫使她学音乐，我觉得有点后悔。"

相反，周杰伦在《开讲啦》中说："要不是妈妈拿着藤条逼着我学琴，就不会有今天的自己。"

喧嚣的时代，越来越多清醒的教育者呼吁，教育要回到原点，遵循常识。李镇西老师在《这些年，被我们忽视的教育常识》里说："缺乏爱的教育是伪教育，但用爱取代一切，也不可能有真正的教育。"纵观很多失败的教育案例，大多都是因为父母以爱的名义，片面追逐所谓的教育"新理念""新模式"，使孩子成了教育乱象的牺牲品。

哈哈镜，使我们变得视点混乱，无所适从，看不清事物的本质。

每个人心里都有一面镜子。我们用它照别人，更需要常常照一照自己。如果我们心里丢不掉镜子，我希望那是一面神奇的镜子：让它于法彰显正义，于理凸显公平，于情呈现温暖，处处体现人文的关怀，时时闪耀人性的光辉。我还希望那是一面理性的镜子，拿它来照教育，让人不仅能看到教育的表象，还能看到教育的本质。

15　君不见
——在 2019 年庆祝教师节暨表彰大会上的讲话

今天,我们欢聚一堂,隆重庆祝第 35 届教师节。首先请允许我代表全体师生对获得荣誉的 48 位老师,表示热烈的祝贺!对因名额限制而没有上台受表彰的每一位默默奉献的老师,表示衷心的感谢!对全校所有辛勤工作的教职员工,致以亲切的问候!

每逢教师节,政府机关、学校都会举行各式各样的庆祝活动。我们学校的庆祝会,力求别具一格,特色鲜明,就是想很好地诠释"什么是老师""什么是好的老师"的理念。

什么是老师呢?你一定会说,在课堂上给我讲课的人就是老师。这没有错,但这只是一部分,孔子说"三人行必有我师",说明老师不只是传授知识的人。今天,我要用陶行知先生说的"学高为师,身正为范",作为判定老师的标准。

九峰中学的老师来自全国 18 个省市,毕业于 52 所大学,全部具有本科及以上学历。毫无疑问,他们都是"学高";正因为"学高",才形成了每一位老师自己独特的教学风格。比如袁丽老师的旁征博引,杨艳老师的润物无声,辛欣老师的以画育人,等等。为了实现九峰梦,他们不仅仅"学高",而且初心不改,十年如一日,乐于奉献。十年,一个人工作生涯有几个十年呢?因此,他们不仅仅是九峰的老师,而且是当之无愧的"九峰教育功臣"。

陈艳红老师深入浅出,肖红娟老师循循善诱,张付云老师诲人不倦……他们时刻想着如何更好地提高自己的教学能力,不断地让自己发生蜕变,为的是让九峰更快地发生裂变。他们越变越漂亮,越变越精彩,他们是当之无愧的"最美九峰人"。

以上 6 位老师只是我们九峰 128 位老师的一个缩影。君不见，九峰之师八方来，奔波劳碌不后悔；君不见，三年为谁添白发，朝如青丝暮成雪……君不见，数不尽有多少个普普通通的老师，加班加点地备课改作业或者个别辅导，就连元旦、中秋也有人在"举头望明月，低头做课件"。因为他们"咬定青山不放松""任尔东西南北风"的坚持，因为他们的表率作用，我们一些在初中青春期、逆反期迷失了方向的学生，重新又回归正道。身正为范，他们都是当之无愧的好老师。

现在，让我们把镜头切换到教学场所以外，你会发现，每天早上 5 点左右，我们的生活指导老师、食堂工作人员，就已经在为我们的衣食住行操劳了。他们从不懈怠、从不马虎，他们热爱九峰的思想正，对待工作的态度正，服务师生的行为正，他们不是老师，但他们不也是我们的好老师吗？

九峰办学 11 年了，如果要你用一个字概括学校的管理理念，你一定会说："严。"那么，九峰是如何体现"严"的呢？既然说"教不严，师之惰"，那么九峰的严，实际上体现的不正是老师的辛勤吗？

说到辛勤，你一定首先想到自己的班主任。每天早上 6 点左右，你们的班主任就已经站在操场上，等着你们下来跑操，每天中午像老母鸡带小鸡仔一样领着你们过马路，每月十几次来检查你们的就餐情况。请问，就是你的父母，又有几位能够做到如此长情的陪伴呢？

由于场地的原因，今年 6 月 9 日，学校才第一次举行高三毕业典礼。很多同学在临别之际才意识到，长情陪伴自己的班主任和普通老师，原来就是网络上流行的"手持戒尺，眼中有光"的好老师。师生依依不舍，很多同学哭着说："老师，谢谢你，这三年，没有你的严格管教，我可能就废了。"

亲爱的同学，在今天这个特殊的日子里，让我们把最热烈的掌声送给我们的老师。同时,通过今天这个活动,你要进一步理解,老师对你严厉,那是一片恨铁不成钢的良苦用心;要意识到,遇见手持戒尺的老师,那是你一生的幸运!

  遇见好老师,是好事,值得高兴。但是光靠好老师还不行,请你们务必记住:人生得意须尽力,莫使金榜空对月。天生我材必有用,千卷读尽幸福来。

16　莫让实习成为水中望月
——在 2019 年欢迎实习教师活动上的讲话

实习，对于有 73 年办学历史的哈师大来说，显然是"人生代代无穷已，江月年年望相似"，实习无非是教学环节的一个流程而已；对于在座的每一位同学而言，那是"江畔何人初见月"般的新奇；对于建校只有 11 年的九峰中学而言，那是"江月何年初照人"般的欣喜。

一切都是缘。你、我、哈师大、九峰中学，这原本毫无关联的点，因你们的实习这个因缘而连成了一个密不可分的面。在这中秋佳节之际，在一个叫黄岩的地方，你我相见，共同体验到"何处春江无月明"的美好。

但是，当你选择了去一所面积不到一个足球场大小的学校实习，我猜想，在今年哈师大的所有实习生当中，你的条件应该是最艰苦的。单凭这一点就足以说明，你来这里，不仅仅是为了欣赏南国的"春江花月夜"。

来到黄岩好几天了，你一定尝到了"江清月近人"的滋味，我想你一定不会满足于水中望月，更多的是在心底里筹划着如何做到"可上九天揽月"。

到月亮上看一看，绝不是我一个人小时候的梦想，那是全人类共同的梦。

1972 年尼克松访华，他告诉周恩来总理，美国人登上了月球。周总理机智地说，没什么，中国的嫦娥几千年前就登上了月亮。

如果说嫦娥奔月是一种理想主义，阿波罗登月是一种现实主义的话，那么，九峰中学的创办就是一个理想主义和现实主义的结合体。

创办于 2008 年的九峰中学，由一个只有 3300 多平方米的破旧厂房改建而成，几位住在一楼平房的老师，一到下雨天就是"床头屋漏无干处，雨脚如麻未断绝"，但我们依然豪情万丈，要建成一所一流的民办学校。11年时间，我们从第一届开学典礼的46位在校生，发展到今天拥有小学、初中、高中的2136位在校生。特别是高中，近几年，我们考出了80%左右的本科率，考出了黄岩区文科状元1人，浙江省美术联考状元2人，在社会上赢得了前所未有的赞誉。

如果将把九峰中学办成黄岩最好、台州顶尖、浙江领先的学校比作是"登月计划"的话，那么，目前的九峰中学正处于新校园项目落地大发展的阶段，就像神舟号成功上天、中国人登月指日可待一样，你的到来，正好见证或者直接参与九峰中学奔月的壮举。

九峰中学是如何做到从无到有、从小到大的呢？关键就在于一个字：严；两个字：严格；四个字：从严治校；八个字：公平公正、奖罚分明。

◎ 老校区教学楼

来自全国18个省市，毕业于52所大学，平均年龄27.26岁的年轻的优秀的老师聚在一起、不离不弃、团结奋斗的原因，就是九峰没有潜规则，没有小圈子，没有论资排辈。无论是领导还是老师，无论是老教师还是新教师，大家都是按制度办事，都是靠本事吃饭。

九峰校园很小，但九峰中学的内心一点也不小。九峰中学说："拳打卧牛地，兵练方寸场，地场虽局促，心胸怀天下。"你虽然来到了条件最艰苦的学校实习，但九峰中学会用实际行动塑造你"一年明月今宵多，人生由我不由命"的优秀品质。

从现在起，我们已经把你当成了九峰的一分子。既然是九峰人，你就要事事以九峰为中心，处处以九峰为坐标，就要同所有的九峰人一样，"严"字当先，不折不扣地完成学校交给你的每一项任务。

现在，或许你有点懊悔，懊悔自己到了一个条件最艰苦、实习最辛苦的学校，但是两个月以后，你就会明白什么是"严师出高徒"。两个月以后，当你回到哈师大，相比于那些经历了风花雪月或是借实习之机放飞自我的同学，你在北国的冰城，想起南国的橘乡[①]，也许突然间会有一种"谁知严冬月，支体暖如春"的欣悦吧？

我们更加期待的是，明年的今天，你们当中有人已经成为九峰中学的正式老师，站在九峰的讲台上，给九峰的学子讲述："今夜月明人尽望，已知秋思落谁家。"

注：①橘乡："黄岩蜜橘"自古远近闻名，黄岩有"橘乡"之称。

17　体面
——在 2019 年学生成人仪式上的讲话

小时候物质极端贫乏，我经常饿得眼冒金星。有一天，大人带我去村里唯一的小店，我在小店购物的柜台上，发现了一颗米粒大小的红糖块，随手捡来就吃，回到家里被大人狠狠地训斥了很长的时间。懵懵懂懂的年龄，根本不知道大人说的什么"有失体面"，但大概明白了：不是自己的东西不能拿，不是自己的东西不能吃。从此之后，果真做到了：最饿的时候，也不向同学要东西吃；最穷的时候，也不贪占路上的失物；最累的时候，也不坐老弱孕残专座。

上学之后读了《乐羊子妻》，读了朱自清饿死不吃美国救济粮的故事，读了张作霖、段祺瑞、冯国璋、吴佩孚、曹锟等穷兵黩武的军阀在穷途末路、自身难保之际，宁可被日本人害死、逼死，也没有一个做汉奸的故事，我明白了：有时候体面便是一个人的尊严，一个人的气节，甚至是一个人生而为人的底线。

我们欣赏体面，追求体面，那么体面来自哪里呢？

从霍金的形象、马云的脸可以明白，体面不看身材好丑、颜值高低；从孔融让梨、周处浪子回头可以看出，体面不看年龄大小、贵贱贫富。体面不是上天赐给你的，也不是他人送给你的，而在于你的言行举止、气质涵养之中。

一个体面的人，无论什么时候，他都会带给别人一缕春风，不经意间，也为自己打开了一扇瞭望万里晴空的窗户。

东汉时期，有位官吏名叫甄宇，为人忠厚谦让。有一年除夕，皇帝赐给群臣每人一只活羊。由于这批羊有大有小，有肥有瘦，如何分配让负责人犯了愁。大臣们纷纷献策：把羊杀掉，然后均分；或者直接抓阄……各执己见，谁也不让谁。这时，甄宇说："分只羊有这么费劲吗？我看大伙儿随便牵一只走算了。"说完，他率先牵了一只最瘦最小的羊回家过年。大臣们看到他的举动后纷纷效仿，羊很快就分发完毕了。这件事让甄宇获得了满朝文武的赞赏，最后传到光武帝耳中，也得到了皇帝的称赞。后来在群臣的推荐下，甄宇在朝廷得到了重用。

你看，有了体面，尽管你不想占便宜，有时候幸福偏偏就要粘上你。

今天，在你即将步入十八岁的特殊时刻，我和你讲体面就是担心你将来"有失体面"。十八岁之前，你随意、随性、随心，做错了事，别人可以体谅你年少不懂事，而跨过这扇成人门之后，你将为自己的一切买单。

事关体面，勿以恶小而为之，勿以善小而不为。你随手扔下了一张小小的餐巾纸，在别人看来那可是你一张厚厚的脸皮；你随意许下一个轻飘飘的诺言，在别人看来那可是你一份沉甸甸的信用；你随便爆出了一句无聊的粗口，在别人看来那可是你一副浅薄的灵魂。

体面无形。你的体面，你自己看不见，但在他人的眼里，他能测出你的高度，量出你的宽度，验出你的深度。

18年以来，我们每个人确实在努力，只是努力的程度不同而已。有人很努力，还觉得自己不够拼命；有人并不努力，反倒觉得自己很拼命。到底拼不拼，不是单纯看课堂，平时的时间最能让你原形毕露。

11月2日，星期六晚上8点15分，高一家长会，我听到四楼有琅琅书声。当时我没有太在意，9点以后读书声还在持续，我去转了一圈，发现高三10班有两位女生在高声朗读。我在窗外站了很久。她俩很投入，根本没有看见我。我继续转，看到高三7班隔壁的日语教室里有两位男生低着头在拼命刷题，其余各班的同学几乎都在低头玩手机或者听音乐。10点钟，我再次上去看，楼上风景依旧。

当时，我就在想：如果这几位同学都没有一个体面的成绩，那真是没有天理了。

第二天，我特意了解一下。果然，他们要么名列前茅，要么进步的势头正盛。

你总是说自己很努力很拼命了，成绩上不去，但与这几位同学比较一下，扪心自问，你的周末、你的课余时间在干什么呢？是在看韩剧呢，还是在朋友圈聊天呢？是在听音乐呢，还是在追寻你的"王者荣耀"呢？

每天早上，人家六点前到操场，而你却是六点以后姗姗来迟。你可能说不差这几分钟，但是恰恰就是每天的早起晚睡、饭前饭后、聊天发呆这几分钟，使原本与你一路同行的人，变得让你望尘莫及。

我知道你想努力，但正如周京京老师在11月27日颁奖典礼上说的一样："明日复明日，明日何其多！今天太累了，明天再来做。今天先放松，明天一定拼。那些你永远也到不了的明天，让你得到的只能是无尽的惆怅和深深的失望！"

时间宝贵。你应该像以上4位同学那样高度自律，放弃周末，心无旁骛，分秒必争。一月选考时，先让自己的一只脚踏进一所体面大学的校门，也给成人之后的自己送上一份体面的礼物。如果余下的高三时间，你能做到210天如一日，一分一秒不虚度，一点一滴不懈怠，那么，体面的大学必将笑容可掬，迎面而来。

若能如此，我相信，你的明天就永远不会回到那个连一颗米粒大小的糖块都成为奢望的日子；我更相信，你进入社会之后，无论去到哪里都会有一个体面的位置在等着你。

18　未来，我信你
——校刊《九峰》创刊词

九峰，不只是一座山，也不囿于一个城；不只是一本书，也不囿于一部经。

它是碰撞心灵的音，是触发意念的韵，是催生智慧的象，是传递温暖的情，是镌刻历程的迹。

十二年历程，九峰所有的音、韵、象、情、迹，都浓缩成：心之所向。

心之所向，素履以往，砥砺前行，乘风破浪，聚沙成塔——九峰每一个传奇都在说："不是因为看见了才相信，而是因为相信了才看见。"

我们继续相信，我们深深地被未来所吸引。九峰之音、韵、象、情、迹，正是你吐露真音、挥洒神韵、观照万象、告白长情、回望足迹的平台，它又是你为未来积聚正能量，凝聚精气神的磁场。

青春飞扬，未来可期。然而，青春不耐久藏，没有人会躲过时光的追击。趁年轻，大胆地去播种吧，不必在意别人的眼光，也不必在乎别人的评价，只要你的内心充满阳光、洒满爱，拥有勇气和力量，哪怕开成一朵荠花，你也有资格高歌："亦道春风为我来。"犹豫、恐惧、怨天尤人，只会把你所有的希望变成"一江春水向东流"。

生命的神奇，就是因为你着迷于自己心灵深处的那一粒小小的种子，简单执着地相信它、浇灌它，直到欣赏它演绎了一场又一场的精彩。

未来没有固定的轨道，但你不能找不到自己前进的路标。愿九峰之音、韵、象、情、迹，成为你人生路上相生相克的五行，不管你将来要画多大的圆，它始终是你的圆心，它会让你：春风得意时莫忘形，处境窘迫时不失望。

岁月总是把历史的表面弄得皱皱巴巴，但扎进九峰骨髓里的"小邹鲁"气息，依旧清新。继往开来，九峰之音、韵、象、情、迹，更应该成为描绘时代画卷的五色，我们要用新锐的举措开风气之先，用明快的色调绘复兴之梦！

19　讲述九峰故事　传递九峰能量
——在 2020 届高三学生毕业典礼上的讲话

各位来宾、各位家长代表、老师们、同学们：

上午好！

首先请允许我代表九峰中学全体师生预祝各位同学考上最理想的大学！

6月5日，外交部第 30 任发言人耿爽卸任，他说："作为一名中国外交官，无论将来走到哪里，都会继续讲好中国故事，传递中国声音。"

即将告别工作了 4 年的外交部，耿爽哽咽了。

谁都会说"无为在歧路，儿女共沾巾"，但是真正到了分别之际，谁又能做到"心如止水，波澜不惊"呢？冷静睿智的外交官尚且如此，更何况三年朝夕相伴的师生呢？

临别之际，我们回忆，我们诉说，我们在各自记忆的"硬盘"里，搜索三年以来在九峰发生的点点滴滴，这一切都已经成为故事，成为我们的九峰故事。

你的人生有很多故事，但最难忘怀的一定是九峰故事，因为九峰故事都是发生在花季雨季里的故事。三年忘不了，三十年也忘不了。

就像三年前正值花季的你进入九峰中学一样，三十年前初中毕业的我进入了黄岩师范学校。尽管现在已是知天命的年龄，但黄师故事，清晰如昨。在老黄师，50 米的直跑道，42 人一间的集体宿舍，孔庙大成殿是我们的餐厅，没有凳子，站着吃饭，但这一切都丝毫挡不住我们青春欢快的脚步，挡不住我们求知求学的热情。同样，九峰的 60 米的直跑道，每天早上 3 圈弄堂跑操，每天 4 次新老校区往返，这一切也丝毫挡不住我们走出黄岩区文科状元、浙江省美术联考状元，挡不住我们考出 80% 左右的本科率。我们能忘记这些故事吗？当然不会！三年以后，三十年以后，只有如此简陋的硬件却取得如此骄人的成绩，反而成为你教育子孙、教育你的学生的最好材料。

艰苦就能出成绩、出人才吗？

当然不是！

能把不利因素转化为有利因素，那是我们神通广大的老师。

黄师故事里，有威严豁达的吴晶先生，有沉稳睿智的郑志军先生，有才思敏捷的牟惠康先生，有博学严谨的赵进先生，有教会我们"吃亏是福"的校党委书记梁肇文先生……

他们，只是黄师故事里的一分子，可他们的各种品质汇聚成一种能量，我们姑且叫作"黄师能量"。30 多个春秋过去了，每当我找不到存在的意义，每当我迷失在黑夜里，黄师能量就成了夜空中最亮的星。

幸运的是，自己将要一辈子当老师了。师者使人继其志，于是有了不断讲述黄师故事、传递黄师能量的机会。

2008 年 8 月，黄岩美术高中诞生了，于是黄师故事渐渐地融入了黄美高故事。

从黄岩美术高中到黄岩九峰中学，从黄岩九峰中学到台州市九峰中学，我们在不断地创造着各种故事，我们都把它统称为"九峰故事"。

在你没有进入九峰中学的时候，江湖上的传说，九峰的代名词就是"苦、严、死读书"。那么，九峰到底是一所怎样的学校呢？

梨子只有亲口尝一下，才知道甜不甜；鞋子只有穿过了，才知道合不合脚。九峰怎么样，你们最有发言权。

三年以来，很多故事证明，九峰的苦只是刻苦而非痛苦。

2019 年 11 月 2 日，星期六晚上，学校召开高一家长会。9 点以后，还有个别家长同老师在交流，我发现四楼高三还有好几个教室亮着灯，上去一看，有 6 位同学在自习，日语教室里两位男生正在低头刷题。10 点以后，家长差不多都回去了，日语教室里的两位男生依旧在刷题。

这两位男生只是今晚用功还是长期如此呢？后来，我在三个周六的晚上，不同时间段来到学校，发现他俩都在日语教室里学习。功夫不负有心人，这两位同学的成绩一直在年级中名列前茅，他们是4班的梁亮、10班的王炎。

如果学习是痛苦的，那么，周六晚上住校生，既没有老师强迫，又没有家长督促，还会自觉学习吗？

教育家第多斯惠说，教育的本质是点燃，是激励、唤醒和鼓舞。

九峰的教育就是点燃。

到目前为止，进入九峰的绝大多数同学，中考成绩并不优秀，甚至可以说是中考的失败者，但九峰教育把他们重新点燃了，点燃了同学们对梦想的渴望、对成功的向往、对知识的兴趣。同学们被激励了，被唤醒了，被鼓舞了，大家觉得学习是一件有意义的事情，为了自己的理想拼搏和奋斗是一件幸福的事情。

心里亮着这么一盏明灯，那么，在九峰三年，我们确实很辛苦，但不觉得痛苦。

我们身边，刻苦学习的故事太多了，刻苦学习也创造了很多奇迹。他们成功逆袭，他们屡创佳绩，他们中间有王昊、徐欣怡、邓贤昕、王俊杰、章旭威等同学。

到底是什么东西点燃了同学们乐于吃苦的热情呢？

俗话说"火车跑得快，全靠车头带"，九峰刻苦学习的风气全靠老师的带动。

九峰有一群"手持戒尺，眼中有光"的老师。

孔子曰："教不严，师之惰。"反过来说，"教很严，师就勤"吗？

是的，三年以来，我们看到，九峰的"严"实际上就是老师的"勤"。

勤到什么程度呢？

首先来看一看我们班主任的工作：三年如一日，每天早上6点10分之前，每天中午1点30分之前，每天晚上6点之前，到学校陪同学们一起过马路、跑操、练听力；每次大考前一个月左右，每天晚上陪同学们直到晚自习下课，这还不包括接待家长、做学生的思想工作……

"身教重于言教""喊破嗓子不如做个样子"，这样辛勤的老师在前面跑，我们的同学还好意思在后面逛吗？

◎ 老校区跑操

三年以后，三十年以后，就像我的黄师故事一样，你们的九峰故事里一定离不开博古通今的洪俊先生、才华横溢的宋永东先生、沉稳内敛的项东京先生、秀外慧中的周京京先生、诙谐幽默的余加欢先生、学养深厚的陈甜先生、通文知理的王晓雨先生、温文尔雅的李志鹏先生、灵敏聪慧的尚书侃先生、文质彬彬的张丁予先生，以及所有高三段43位严师，他们都在你们的九峰故事里。

这一群平均年龄只比你们大 10.6 岁的老师，在你们心目中又恨又爱了三年的神通广大的"暴君""灭绝师太"，剑胆琴心的哥、姐，这三年陪你们一起熬、一起拼，陪你们一起哭、一起笑，真的不容易！离别之际，请用最热烈的掌声谢谢老师。

如果给九峰教育贴上"死读书"的标签，简直是盲人摸象。

九峰有一句标语"拳打卧牛地，兵练方寸场，地场虽局促，心胸怀天下"，很好地诠释了九峰的硬件虽然简陋，但丝毫不影响教育同学们"以天下为己任"的远大情怀。为了练就"文能提笔安天下，武能马上定乾坤"的本事，师生各显神通，方方面面，勇争第一：2019年在台州市、台州市直各类活动中，我校同学荣获辩论赛一等奖，高三9班荣获年度十佳文明班级，李潞老师荣获地理课堂教学一等奖，吕嘉英老师荣获"走进经典"读书征文一等奖，王博靖同学荣获第三届运动会男子200米冠军，牟海峰、徐德龙、王思予同学荣获艺术节绘画、摄影比赛一等奖……

这些故事都彰显了九峰学子不但学习成绩好，而且才艺好、体质好，还有品德素养好，我为九峰神通广大的师生感到骄傲。在此，谢谢大家了！

爱因斯坦说："当你把学校所学的知识都忘记了，忘不掉的、留下来的才是真正的教育。"在九峰的三年，那些刻苦的故事，那些严格的故事，那些同学的故事，那些老师的故事，那些优秀的故事，都浓缩在"坚韧奋进、追求卓越"这八个字里面了，它会深深地烙进你的记忆里，扎进你的骨子里，这才是九峰给予你的真正教育。这种教育，产生了一股巨大的能量，它使我们凤凰涅槃，浴火重生。这股能量，我们姑且叫它"九峰能量"。

网络上有人说："我们总是在毕业的时候，才突然真正爱上学校；总是在快要结束的时候，才想好好开始。过去的时光一去不复返，而最让人措手不及的是我们还没配好剑，出门便已经是江湖了。"

但是，你不必担心，只要像耿爽要讲好中国故事一样，无论将来你走到哪里都继续讲好九峰故事，传递九峰能量，那么，九峰能量就是你手中的剑。只要我们像高中三年的学习、生活一样，无论将来面对怎样的困难和压力，都会毅然亮剑。心之所向，砥砺前行，你的剑锋所指必将所向披靡。只要你坚持从我做起，严于律己，宽以待人，追求卓越，你未来的人生之路，一定充满阳光，洒满爱！

20　城市名片
——2020年暑假在新教师培训会上的讲话

各位新老师、新同志：

首先请允许我代表学校全体师生对你们的加入表示最热烈的欢迎和最衷心的感谢！

一座城市，一张名片：北京的故宫、杭州的西湖、天津的狗不理……

一座城市，多张名片：哈尔滨啤酒、哈尔滨冰雕、哈尔滨工业大学、哈尔滨中央大街……

在商言商，在教育说教育。以教育为城市名片的，我们一定会想到山东曲阜，历经千年而不衰。1978年恢复高考以来，黄冈中学、衡水中学、毛坦厂中学、杜郎口中学……又成了一张张崭新的城市名片。这些学校所在的城市，既没有历史悠久的文化积淀，也没有高度发达的经济实力，既不是风景如画的旅游区，也不是商品货物的集散地，却创造出闻名天下的教育神话。

这说明，把教育做成城市名片，不是靠天、靠地、靠钱、靠景，而是靠人，事在人为。

与其说教育是一座城市的名片，不如说这些学校的老师是这些城市的名片。

我常感动于吕嘉英老师的高中语文老师闫桂珍。闫桂珍，满族，辽宁人，1981年大学毕业后支援大西北，来到甘肃省嘉峪关市酒钢三中，一扎根就是39年。

闫老师以前的一位学生回家乡投资，他不是说"嘉峪关，我回来了"，而是说："闫妈妈，我回来了！"高速公路出口一下来，就看到这7

个大字。

原来，学子回归，回报家乡，仅仅就是因为他们高中的一位语文老师——闫桂珍、闫老师、闫妈妈！

这样的老师，才是这座城市真正的名片。

由此可见，一座城市的名片，不在乎你是本地人，还是外地人，也不在乎你是汉族，还是少数民族，在乎的是你到底为这座城市付出了多大的热情和多少的爱！

来自18个省市，毕业于52所师范院校的126位老师，聚在一个叫九峰的地方，也是想打造出一个闻名天下的教育神话。

招聘新老师的时候，有同学说，我从来没有听说过黄岩这个地方。我说："等我们把九峰中学办好了，黄岩也就天下闻名了。"12年以来，我们正在不断地走近我们的目标。

同时，九峰中学的有些老师也渐渐地成了这个城市的名人，我们中间有"十佳新黄岩人"之一的宋永东老师，有获得地理课堂教学一等奖的李潞老师，有爱生如子的张秋生老师……

且不要说这些班主任，每年都有许多名声在外的老师成为家长、同学挑选班级的依据。今年招生的时候，东浦中学有位女生，一模成绩已经进入我们这里目前最好的中学，她找到我们说："如果能把我放到吕嘉英老师班上就读，我就选择九峰中学了。"

当一位考生冲着你的名声而来，当一位学生冲着你的爱心回报社会时，你就是这个学校的一张名片。当一所学校吸引天下学子来求学，当一所学校得到天下人的敬仰时，这所学校的教育便成了这座城市的名片。

如今，九峰的升学率越来越高，新校园建设已经启动，九峰在社会上的口碑越来越好，九峰教育成为这座城市的名片，已经越来越接近现实。

去年9月，你们当中的6个人来到九峰中学实习，开班仪式上我做了《别让实习成为水中望月》的讲话,我期待的 11 位实习生当中今年 9 月已经有人成为九峰中学的正式教师。我非常感谢史丽萍等几位同学,你们回来了。

你们,以及另外 6 位同学来九峰,一定是为了一起打造这座城市的名片。

打造一张漂亮的名片,无论是个人,还是学校,都不会一蹴而就。这是一个劳力的过程,更是一个劳心的过程,在今后漫长的岁月中,我们该怎么做呢?

每届新教师培训,我都会提起美国第 35 任总统肯尼迪说的一句话,"不要问国家为你做了什么,而要问你为国家做了什么"。同样,我会说"不要问九峰为你做了什么,而要问你为九峰做了什么"。一代又一代九峰人,正是明白了这个道理,才砥砺前行,不断地创造出一个又一个奇迹,在九峰这张名片上渲染了一层又一层金色的光环。

今天,你只身来到东南沿海的一座小城,和当年的闫桂珍只身来到大西北戈壁滩的一座小城,那种教书育人的心愿,那种激情飞扬的青春,那种人定胜天的信念,我想都是一样的。但是,面对接踵而来的工作压力、不尽人意的生活待遇、意想不到的委屈挫折,你们能否做到像闫桂珍老师那样不忘初心、坚定不移、无私奉献呢?

就像去年你们实习的开班仪式一样,今日在新教师培训开班仪式上,作为你们名义上的班主任,我真切地希望你们别让这张城市名片成为水中月。愿 3 年以后,13 年以后,26 年以后,39 年以后,你们当中有人像闫桂珍一样成为黄岩这座城市的名片,黄岩也因为有你而闻名天下!

21 时代标杆，如影随形
——在 2020 年秋季开学典礼上的讲话

各位老师、同学：

上午好！

首先，请允许我代表学校欢迎高一新生加入九峰中学，也欢迎高二、高三的同学终于从伟大的互联网中走出来了，回校了。

俗话说，种瓜得瓜，种豆得豆。我想说，时代标杆，如影随形。

1960 年，河南安阳的林县人民在太行山的悬崖峭壁上修建了一条引漳入林的"人间天河"——红旗渠，创造了"世界第八大奇迹"。红旗渠，成为那个时代"人定胜天"的标杆。

时隔 18 年后的 1978 年，安徽凤阳的小岗村，18 户村民以"托孤"的形式立下生死状，签订包干契约，拉开了中国改革开放的序幕。小岗村，成为"敢为天下先"的时代标杆。

时隔 28 年后的 2006 年，在香港的 ITU 展上，华为推出了基于 All IP 网络的 FMC 解决方案。作为全球移动软交换市场的领导者，华为移动软交换出货量居全球第一。华为成为"以奋斗为本"的时代标杆。

时代不同，标杆不同；地域不同，标杆也不同。

再看山海水城和合圣地的台州：大陈岛垦荒，全国首家股份合作制企业诞生地，全国率先实现企业投资项目审批全流程"最多跑一次"……这些标杆式做法，立竿见影，引领时代潮流。

说到教育标杆，我们一定会想到伟大的教育家孔子，他"吐辞为经，投足为法"，影响了中华民族和世界几千年，是中华民族文化、教育的精神图腾，理所当然地居于最高的神坛。1978 年恢复高考以来，黄冈中学、镇海中学、毛坦厂中学、杜郎口中学……又成了一个个新的教育标杆。这些学校所在的城市，既没有悠久的文化积淀，也没有强大的经济实力，既不是风景如画的景区，也不是交通繁忙的枢纽，却创造出闻名天下的教育神话。

这不得不引起我们思考：把教育打造成时代标杆，绝不是单纯地靠天、靠地、靠钱、靠环境、靠政策。靠什么呢？当然是靠人，"事在人为"。这"人"，就是老师，是学生。

与其说教育是一座城市的标杆，不如说这些学校的老师和学生是这些城市的标杆。

今年高考成绩揭晓时，朋友圈在刷屏一位"傻"校长——陈立群。2016年，陈立群从杭州学军中学退休。这位"名校长"却做了一个让外人看来很"傻"的决定：去贫困山区支教！随后，他就来到贵州黔东南苗族侗族自治州台江县民族中学，当上了这个国家级贫困县的中学校长。这是一所高考成绩在全自治州垫底的"差校"，而他开出的唯一条件是："解决吃住，分文不取。"

四年过去了，"浮躁止于宁静，惊雷响于无声"，学校一本上线人数从2015年的个位数，到2020年的270人，二本人数达829人！

更重要的是，无论对学生还是老师、家长，他更重视"心灵唤醒"和"精神教育"。他说："扶贫先扶志！"他走村访寨，让苗民们充分认识到教育的意义："考出一个孩子，脱贫一个家庭，带动一个寨子！"

曾经，我们说"书中自有黄金屋"；曾经，我们说"知识就是金钱"……但是在教育面前，总有像陈立群一样的人，把它作为社会良心的底线，人类灵魂的净土。他们真心播种，真心引导别人认知自己，重新搭建自己的人生舞台，帮助他们树起更高的精神标杆。

九峰中学的创办，拓展了台州基础教育的园地。

2008年，首届开学典礼的时候，我们只有3300多平方米的校园、13位老师、46位在校生，但我们依然心之所向，一苇以航。

面对普高线上下的生源,我们要做的第一件事就是努力唤醒同学们的心灵,帮助他们重拾学习的信心。实际上,这也是努力树立九峰中学在社会上的形象。

我们砥砺前行,坚韧奋进,把中考成绩全区排在2200名以后的邹美宁同学培养起来考上重点大学——四川外国语大学英语系;把中考英语只有49分的巫凯同学培养起来考上211工程重点大学——河海大学会计学专业;把陈梦雅同学培养起来成为黄岩区高考文科状元……

这样的成绩放到现在的九峰中学也许微不足道,但在当时,社会上对于九峰中学到底是职高还是普高、是考美术专业大学还是考普通高等学校都搞不清的情况下,这些成绩显然是一个个令人振奋的鲜明标杆。

我们过去困于硬件,但硬件却丝毫困不住我们的精神。

校门口最显眼处悬挂的一幅标语:"拳打卧牛地,兵练方寸场,地场虽局促,心胸怀天下。"这是九峰人藐视局促空间、简陋硬件的勇敢告白,也是九峰人自我托举的豪迈誓言。

◎ 励志标语

21 时代标杆，如影随形

如果说西南联大连校舍都建不起来，却走出两位诺贝尔奖获得者，走出171位两院院士，靠的是西南联大"丰富精神世界"的独特气质，那么九峰人遭遇万般艰难，依然豪情万丈，高歌猛进，那是因为九峰人的心里有着一个"为天地立心，为生民立命，为往圣继绝学"的大坐标。

也许，你会说，调子也太高了吧？可是如果我告诉各位，在商言商，在教育何止说教育，你还会笑话我吗？试想一下：学校是一个播种未来的地方，学生终究是要走出校门的，如果我们今天的教育不以天下为己任，那么18年以后、28年以后、38年以后，那个时候，还有没有你们亲手搭建的"红旗渠""小岗村""华为"等时代标杆呢？

我相信，你们一定会有！

我也期望有一天，像陈立群校长那样，站在撒贝宁"开讲啦"的舞台上，讲述教育的故事，我会说："……如影随形，你的人生标杆，便是时代标杆！"

谢谢！

22　老三届，九峰中学的脊梁
——在 2020 年庆祝教师节暨表彰大会上的讲话

今天，我们欢聚一堂，隆重庆祝第 36 个教师节。首先请允许我代表全体师生对获得荣誉的 56 位老师表示热烈的祝贺！由于名额比例的限制，对于没有上台受表彰的每一位默默奉献的老师，表示最衷心的感谢！

在中国历史上，1966 年、1967 年、1968 年三届初、高中毕业生被合称为"老三届"。

网络上有人评价：老三届是共和国的长子，生在新中国，长在红旗下；老三届是共和国的集装箱，承载共和国的一切天灾和人祸；老三届是共和国的苦瓜，饱含共和国的所有苦和涩……

从 2008 年到 2011 年，在黄岩桔乡大道 181 号，一个叫黄岩美术高中的学校聚集了一群来自五湖四海的年轻人。他们有着一个共同的梦想，就是创办一所一流的学校；他们也有一个共同的名称，那就是九峰中学历史上的"老三届"。

如果把当年的"黄美高"比作一个呱呱坠地的娃娃，那么老三届时期的"黄美高"是一个怎样的婴儿呢？

那个时候的黄美高"身材瘦小"，小得只有 3300 多平方米的校园，只有一栋教学楼，一栋宿舍楼，一个食堂，一个只能打半场的篮球场，横看竖看都不像一所学校。

那个时候的黄美高"身单力薄"，高三 59 人，高二 79 人，高一 77 人，普高线以上的学生不到四分之一。

那个时候的黄美高"没有名分"，学校属于职业高中，全体同学只能注册职业高中学生，毕业的时候只能拿到职业高中的毕业证书。

22 老三届,九峰中学的脊梁

面对如此羸弱的婴儿,我们的"老三届"又是怎样的态度呢?

2008年7月3日,我去温州火车站接宋永东老师。他问我招了多少学生,我说23人。你们猜宋老师怎么说?"哦哦,很好了,很好了,我们至少可以开一个班了。"

2009年8月初,我去文印室打印分班名单,当时的地理老师兼文印室打印员李潞老师看了名单,激动地说:"哇!这一届学生普高线以上的居然有20多人啊!"

2010年8月,新老师培训结束后,我对毛小光老师说,要他带重新组合后的一个高二美术班。让一个新老师直接当高二的班主任教高二的数学,你们猜毛老师怎么说?"服从学校的安排,无论有多难,我都要让他们考上大学。"这个班后来本科率达100%!

看看,这就是我们的老三届:校园小,不嫌弃;硬件陋,不抱怨;学生少,不灰心;生源差,不放弃;没名分,不计较……正如电影《无问西东》里说的:"无论外界社会如何跌宕起伏,都对自己真诚,坚守原则。"

◎ "老三届"校区

我经常在想,如果没有老三届的坚守,黄美高还能成为九峰中学吗?黄美高还能成为普通高中吗?黄美高还能考出80%左右的本科率,考出黄岩区文科状元吗?今天的你我还能相聚此地庆祝第36个教师节吗?

那么,到底是什么东西让我们的老三届产生这么大的能量呢?有一位老师说得好:"我们就像信仰社会主义一样信仰九峰!"这就是信念!是我们坚定不移地相信九峰一定会成为最优秀的学校。有了信念,我们的老三届才会这样义无反顾地向前走。这个世界上最能打动人的,就是一种叫义无反顾的情感。想起老三届,常让我动容的就是他们的那种义无反顾!今天,我们应该向老三届的义无反顾致敬!

这种义无反顾的情感,逐渐地演化成"坚韧奋进,追求卓越"的办学宗旨,成为我们九峰人的精神。

金一南在《苦难辉煌》一书中说:"一个民族的崛起,首先是精神的崛起;没有精神的崛起,任何民族的崛起都是不可能完成的。"同样,一所学校的崛起,首先是精神的崛起,而老三届就是九峰精神崛起的象征。

复旦大学教授钱文忠称中国的老三届是改革开放三十年的栋梁。我想说,我们的老三届是九峰中学的脊梁,是他们用真心、正义、无畏,不离不弃,把黄美高一把屎一把尿地拉扯大,才有了今天奔跑着的九峰中学。

郁达夫曾经说:"一个没有英雄的民族是不幸的,一个有英雄却不知敬重爱惜的民族是无可救药的。"我们要牢牢记住老三届这15位老师,他们是:王晓晓、陈艳红、付雯娟、李潞、宋永东、辛欣、袁丽、杨艳、肖红娟、姜迎、陈甜、余丽君、毛小光、江娜、曾蔷薇。他们是黄美高永远的脊梁,他们是九峰中学永远的功臣,他们是九峰中学永远的英雄。

今天的九峰,生机勃勃,斗志昂扬。看似苦难、羸弱离我们远去了,辉煌、强大离我们更近了,可如果我们松懈了,我们的精神滑坡了,回到苦难、羸弱,也许只是一夜之间的事。因此,对英雄真正的敬重和爱惜,那就是要继承和发扬他们的精神——坚韧奋进,追求卓越!

各位老师、同学,今年正处在我们建设新校园,大发展、大跨越的重要关头,让我们一起弘扬老三届精神,跳出九峰看九峰,放眼全局看新局,把士气鼓得高高的,轰轰烈烈地、热火朝天地把我们的九峰梦推上新台阶!

23　谨言慎行，向美而生
——2020 年在国旗下的讲话

刚才，政教处武运渊主任宣布了对几个同学的处分。这件事主要涉及高二、高一的同学，其中有一部分同学，我专门集中起来谈过话，我也相信同学们的态度。还有一部分同学，没有找他们谈话，我就放不下心。于是，本着"有则改之，无则加勉"的原则，利用早上集会这个时间和大家谈谈，希望同学们在高中阶段、大学阶段以及今后的人生道路上，不要因为编造传播虚假信息、乱投诉、乱上访、乱建群、乱发朋友圈等原因栽跟斗，或者说翻了船。

互联网时代"个个都是通讯社""人人都有麦克风"，但这绝不等于"人人可以乱放风"。

《中华人民共和国网络安全法》第十二条明确规定："任何个人和组织使用网络应当遵守宪法法律，遵守公共秩序，尊重社会公德，不得利用网络从事编造、传播虚假信息扰乱经济秩序和社会秩序等活动。"

此次事件中，有人利用网络编造、传播虚假信息，扰乱了正常的教学秩序。这种行为是要负法律责任的。但是，同学们很快意识到了自己的错误，并且认错态度很诚恳，学校才决定对大家以教育为主，适当处分，视实际情况对有些同学不作处分，对有些同学不找谈话。但是有两点要明确：第一点，今后再发生类似的事件，绝不姑息；第二点，一旦进入社会，单单认错是不够的，做错了事情是要付出代价的。

2017 年 9 月 14 日，临海人李某、金某和椒江人林某编造了一条关于"浙江台州椒江外国语学校学生殴打初一女生，并逼迫其吃钉子，没收饭卡不让吃饭"的消息，在网上引起热议。椒江公安局第一时间开展调查，发现网传消息纯属编造，李某等 3 人对自己发布谣言的行为也十分后悔，公安局依法对 3 人处以行政拘留、警告处罚。

一个人一旦被行政拘留过，自己以后的很多事情都会受到影响。这个道理必须清楚。

心里不平衡、委屈或者有不可告人的目的，有人图一时之快就去投诉。目的不纯，结果往往是偷鸡不成蚀把米。

我们追求公平公正，追求民主自由，但生活中会随处碰到不平等或者委屈，真正有品质、有抱负的人，是想办法砥砺前行、坚韧奋进，努力提升自己的能力，跳出是非之地，而不是整天抱怨或者投诉。作为学生，更不应该随便找些无中生有的理由投诉自己的老师、同学和朋友，那样做除了暴露你"人品有亏"之外，没有任何意义。

关于建群，国家有这样的规定："对群的建立者、管理者和主要传播者，承担发表不当言论责任。对于群内的违法行为或侵犯他人合法权益的行为，如果群主不履行监管职责，则承担法律责任。"也就是说，你建的群里，如果有人转发了违法或者不当言论，群主不删除，同样要负法律责任。既然这样，为何要乱建群呢？为何还要乱发言呢？

2016 年 7 月 10 日，椒江区公务员郭某在自己的 QQ 空间发布了一篇《杭州，为你羞耻》的文章，编造了关于 G20 杭州峰会筹备工作的一系列虚假数据，诸如"据说预算 1600 亿元""听说每个参加保卫的警察会补贴十万元"等等，引发大量点击，并被多个微信公众号转发，在网络上造成恶劣的影响。椒江区纪委很快立案调查，后来郭某被免除职务，行政拘留 10 天。

在这个"真理还在穿鞋，谣言已走遍天下"的时代，同学们毕竟年少，缺乏相应的鉴别能力，在没有充分把握的情况下，一定要谨言慎行，这既是对自己的保护，也是对社会的负责，更是一个当代青年应有的修养。

24　文字的分量
——2020年在校刊《九峰》首发式上的讲话

各位领导、嘉宾，各位老师、同学：

下午好！

十月江南天气好，秋色胜春华。各位嘉宾踩着深秋的韵味，带着真诚的祝福，拨冗莅临我校校刊《九峰》首发式，这是对我校校园文化建设的极大支持，也是对九峰教育的极大鼓舞。在此，我谨代表学校，对各位嘉宾的光临表示最诚挚的谢意！同时，要感谢编委会在本书编辑过程中所付出的巨大心血；还要感谢全体师生及校友对创办《九峰》刊物所传递的热情和能量！

前几天，正在筹备首发式，有同事问我："一个校刊，为何搞得这么隆重？"我说："因为校刊的分量很重。"

回望历史深处，我们随处可见文字的分量、文化的力量。

秦王见韩非子的《孤愤》《五蠹》，曰："嗟乎，寡人得见此人与之游，死不恨矣！"

宋代罗大经的《鹤林玉露》里记载：宋初宰相赵普，人言所读仅《论语》而已。太宗因此问他，他说："臣平生所知，诚不出《论语》，昔日以其一半辅助太祖定天下，今日欲以其一半辅助陛下致太平。"

我们且不去考究"半部《论语》治天下"的真假，但我们应该感受到《论语》的分量。

一部书就有如此分量，一个民族的文化能产生多大的力量呢？

都德的《最后一课》中，韩麦尔先生对小弗朗克说："……亡了国当了奴隶的人民，只要牢牢记住他们的语言，就好像拿着一把打开监狱大门的钥匙。"

相反,如果语言忘了,文字忘了,这个民族也就亡了。

1227年,蒙古大军攻灭西夏之后,依据成吉思汗生前密旨,对所有的西夏党项族的部族、文字、王陵进行了疯狂的屠杀和毁灭。元朝建立后,编写了宋史、金史,却唯独没有西夏史。西夏文字使用环境消亡了,党项族整个民族也随之消亡。

这就像龚自珍在《古史钩沉论二》中写的一样:"欲亡其国,必先灭其史。"

◎《九峰》首发仪式现场

借古鉴今,九峰中学从创办开始,就提出了"特色兴校、质量立校、文化强校"的办学理念,把校园文化建设作为我校工作的重中之重。经过12年的积淀,承运逢时,《九峰》校刊诞生了。我们说:"九峰,不是一座山,也不囿于一座城;不是一本书,也不囿于一部经。它是碰撞心灵的音,是触发意念的韵,是催生智慧的象,是传递温暖的情,是镌刻历程的迹。"愿九峰之音、韵、象、情、迹,能成为铺在我们人生路上的五色土,能美化我们的人生风景,陪伴我们稳健前行。

谢谢大家!

25　怎一个"高"字了得？
——在 2020 年学生成人仪式上的讲话

同学们：

上午好！

今天，12 月 7 日，离第一场高考刚好还有一个月。在这特殊的日子里，我们举行 18 岁成人礼。首先，我代表全校师生对大家表示热烈的祝贺，祝贺你们迈入生命航程上的一个新起点！

十八岁意味着什么呢？

意味着我们即将从懵懵懂懂的孩童，成为法律意义上的公民；从执拗任性的少年，成为成熟练达的青年。

因此，十八岁不是年华，而是心境；不是桃面丹唇，而是深沉的思想和炽热的情感。

十八岁气贯长虹，勇锐盖过怯弱，进取压倒苟安。

且看 85 年前的 1935 年，民族危机空前严重。12 月 9 日，在中国共产党的领导下，北平 6000 多名学生举行示威游行，高喊"停止内战，一致抗日""收复东北失地，武装保卫华北"等口号，掀起了全国抗日救国的新高潮。

时光流逝，精神永存，五四运动、一二·九运动，让中国的青年成为时代担当的标志。

2020 年，疫情肆虐全球，美国封杀中兴、打压华为，印度寻衅边境，长江白鲟灭绝……天灾更兼人祸，都是大事，影响深刻，也关乎你我。

因此，新时代的青年，依旧应当志存高远！

唯有"高"，他日你才能做到像钟南山那样，专业一流，敢说真话，成为十四亿同胞生命健康的守护神。

唯有"高"，他日你才能做到像任正非那样，廉洁自律，专注坚韧，成为中国科技行业中的一股清流。

唯有"高"，你才会有"为中华之崛起而读书"的豪情壮志！

如何实现高远的目标呢？

"万丈高楼平地起""千里之行，始于足下"。

对于我校的高三同学来说，当下最重要的目标就是锁定一月选考，心无旁骛，一战定乾坤！

离一月选考，只有30天时间了，我们到底有多少信心呢？

我们的信心来自台州市一模考试。这次考试，我们优秀人数19人，而我们一直想超越的某学校只有16人。这次第，怎一个"高"字了得！

借今天这个机会，我要说，你们了不起！

30天时间，我们到底该怎么做呢？

我们应该像9班的胡君逸那样，840天如一日，高度自律，分秒必争，终于练成学霸。

我们应该像1班的符晓、3班的张艾锡那样，不甘落后，知难而进，奋起直追，终于后来者居上。

我们应该像4班的杨馨怡、鲍俊凌那样，咬紧牙关，坚忍不拔，屡败屡战，永不放弃，坚信：尘埃尚未落定，一切皆有可能！

今天，与其说是成人礼，不如说是为我们成人后的第一场战斗吹响了集结号，我们要用成年人的名义宣誓：拒绝平庸，追求卓越！

我们要把一月选考的优异成绩，作为送给自己成年后的第一份贺礼！

我们要用一月选考的优异成绩，作为锚定自己高远目标的第一个基桩！

我们要将一月选考的优异成绩，作为描绘自己美好人生的第一笔重彩!

　　只要你浑身散发出这样积极的能量,那么面对十年寒窗,你一定会高声吟唱:"满地习题堆积,憔悴损,如今有谁堪怨?刷着题儿,独自转眼天黑!孤灯更兼细心,到夜深、点点滴滴。这次第,怎一个高字了得!"

26　只要精神不滑坡，办法总比困难多
——在 2021 年春季开学典礼上的讲话

自信人生二百年，会当击水三千里；人生南北多歧路，将相神仙，也要凡人做。世界上没有比脚更长的路，没有比人更高的山。只要精神不滑坡，办法总比困难多。

我们信精卫填海，愚公移山；我们信可上九天揽月，可下五洋捉鳖。

于是有了大禹治水，万里长城；有了"天子呼来不上船，自称臣是酒中仙"的大气；有了"指点江山，激扬文字，粪土当年万户侯"的豪迈。

中华人民共和国建立之初，虽疮痍满目，却敢于亮剑，雄赳赳气昂昂跨过鸭绿江；虽一穷二白，依然砥砺前行，成功研制出原子弹。我们开凿红旗渠，创造了重新"安排河山"的世界奇迹；垦荒大陈岛，奏响台州"开拓创新"的时代旋律；修建 565 米高的世界第一高桥，展示了"基建狂魔"的风采；建造世界上最快的高铁，彰显了惊世骇俗的中国速度。

可见，精神振奋，能够化腐朽为神奇，变平凡为伟大！

然而，老话又说：花无百日红，人无千日好。

且看"一双笑靥才回面，十万精兵尽倒戈"，吴王夫差虽先战胜越国，到头来却身死国亡；"六军不发无奈何，宛转蛾眉马前死"，唐玄宗虽开创开元盛世，后来却引发安史之乱。汪精卫曾经是"慷慨歌燕市，从容作楚囚"的志士，最终却成为民族的千古罪人；刘青山、张子善曾经是革命功臣，最终却走到了人民的对立面。

为何"其兴也勃焉，其亡也忽焉"？

精神滑坡也！

回想当年"黄美高"，我们首届开学典礼，3300多平方米的破旧厂房，13位老师，46位在校生，在困难面前我们没有退缩，毅然提出"非常之人做非常之事"的口号，一路意气风发，高歌猛进！

如今的九峰中学，50000多平方米的新校园正在建设，已有120位老师，1260位在校生，大有繁花开上枝头的态势。

可事实呢？

近来，有些班级有些同学：跑操步伐变形，口号不见踪影，书声不如蚊虫鸣，上课好像没睡醒，仪容仪表不正经，人生目标搞不清……

特别是去年疫情，居家三个月回校之后，情况变得更加糟糕。

今年正月初一，我逐一查看了每间教室，让我吃惊的是，有些班级桌椅东倒西歪，书籍乱七八糟，垃圾随处可见！

我简直不敢相信眼前的一切。难道这就是九峰中学的从严治校？这就是九峰中学的精细化管理？

我汗颜！

或许，你认为我在吹毛求疵。

且看疫情后的2020年高考：我们的本科率仅仅为65%，比往届足足少了15%！成绩就是硬道理！

或许，你认为我在危言耸听。

且看人家怎么做：一位朋友的孩子，就读于重点中学，一月选考成绩物理100分、化学97分、技术91分。我问他，91分了为何还要再考？他反问我："万一下次技术也只有91分，甭说清华北大，浙大好的专业能保证吗？"他说要利用寒假时间自己补短板。我看了一下他的寒假作息时间表：早上6点起床，6点半开始学习。大年三十和正月初一这两天是5点40分起床。我不解，他说："我相信，这两天时间绝大部分同学都会睡懒觉，而我选择早起，就是为了从精神上打败所有人，从精神上战胜自己！"

亲爱的同学，这个寒假，你是怎么过来的？你的大年三十、正月初一是几点起床的呢？

看看人家再看看你，亲爱的同学，你的精神滑坡到哪里了呢？

难道仅仅就是我们同学的精神在滑坡吗？亲爱的老师，我们呢？但愿我们能记得这一句话：教不严，师之惰！

以史为鉴，可以知兴替；以人为鉴，可以明得失。一旦精神滑坡了，开局再辉煌，结果都是零！

新学期第一天，我讲述"其兴也勃焉，其亡也忽焉"，不是为了揭短。古人云"吾日三省吾身"，伟人说"批评与自我批评"，我们给自己敲一下警钟，亲爱的老师、同学，你觉得有必要吗？

人非圣贤孰能无过，无论我们目前存在多大的缺点甚至错误，只要你勇于正视，敢于面对，只要精神不滑坡，办法总比困难多！

亲爱的老师、同学，鼠年已过，牛年已来！今年，我们将拿什么让自己牛气冲天呢？

唯有精神！

27　以平常心做人，用进取心做事

——在 2021 届高三学生毕业典礼上的讲话

各位同学：

上午好！

首先，我祝贺大家顺利完成高中学业，即将开启人生新的篇章！也借此机会，向为你们的成长付出辛勤汗水的老师和家长们，送上最美好的祝福和最崇高的敬意！

2015 年 10 月，新高考第一场 7 选 3 考试，我校共有 16 位同学取得了单科 100 分的优异成绩。其中，金江明同学成了市区 24 所普通高中第一个获得满分 300 分的人。我怀着无比喜悦之情，向当时的市教育局戴冠福局长报告了喜讯。戴局长向我表示祝贺的同时，又对我说了两句话六个字，那就是"平常心、平常心"。我瞬间镇定了下来。这一次的成绩，我们没有进行任何宣传。

再过十来天高考成绩就要揭晓，你是"春风得意马蹄疾"呢，还是"停杯投箸不能食"呢？

今天，我也预先送你们六个字"平常心、平常心"。

可能你会说，这可是我十年寒窗的结果呀，我怎能做到平常心呢？

是的，要做到平常心确实很难。就在一个星期前，我找一位同学谈心，她说自己三年来都很拼，现在总担心自己考不好，她接受不了考不好的事实，说着说着就哭了。我劝导了好久，她才信心满满地回去了。可当她离开我办公室的瞬间，我自己却被她的情绪感染了，突然一阵心酸，潸然泪下。

我想起了自己从黄岩师范毕业的那一年，路桥二中要招一位美术老师，学校推荐了我。当时路桥二中的金江峰校长对我也很满意，看起来一切都是板上钉钉的事了。可是，临毕业的时候，当时的黄岩市教委一纸文件将我分配到宁溪区富山乡半山小学。要知道，那个年代，富山乡在交通、信息等方面还极其落后、闭塞，同路桥比较起来那简直是天壤之别啊！大家可以想象我当时的心情。那些不眠之夜，我经常朗诵普希金的诗："假如生活欺骗了你，不要悲伤，不要心急。忧郁的日子

◎ 1990届半山小学毕业留影

里需要镇静……心儿永远向往着未来……一切都是瞬息，一切都将会过去……"用了很久，我才使自己慢慢地平静下来。

我们每个人都会遇到一些难以接受的事情，如何使自己做到"平常心"，这可能需要我们去体验、去历练、去感悟。当时我虽以"平常心"面对现实，但继续保持积极向上的状态，幸运之神便悄然而至。我虽没有能够进入路桥二中，但两年后却考上了浙江师范大学。

接到录取通知书的那一刻，我想起了黄岩师范学校何在田校长当时安慰我的那一句话"是金子总会发光的"，我也经常拿这一句话激励我的学生。

2015届毕业的潘蕴同学，高考没有考好，只能进入浙江中医药大学的护理学专业学习。经过一年的努力，他转入了自己喜欢的中医学专业，现在又考上了浙江中医药大学的研究生。

2017届毕业的杨心译同学，平时成绩一直远超一本线，但偏偏高

考期间重感冒，最终连一本线都没上。他在浙大城市学院读书期间积极向上，获得省级以上奖项十几项，本科毕业后，被曼彻斯特大学、墨尔本大学、香港理工大学等多所著名大学录取为研究生。

像潘蕴、杨心译一样的校友，数不胜数。他们都是金子，金子散发出的光芒告诉我们：平常心不是知足常乐，更不是得过且过。那么，平常心是什么呢？

百度上解释：对自己做任何事的成败概率有准确的预测，既积极主动，要尽力而为，又顺其自然，不苛求事事完美；有从容淡定的自信心。

现在，我想做一个我个人的回答，我想到更多的是范仲淹的"不以物喜，不以己悲"，是苏东坡的"一蓑烟雨任平生"。

在这里，我只想跟大家分享我认为是常识性的看法。平常心是进取心的前提，进取心是平常心的延伸，如果说进取心是人生的科学，那么，平常心便是生活的艺术。它们是一枚硬币的两个面，它们是幸福人生的两个翅膀。我们要学会：以平常心做人，用进取心做事。

这看法肯定既不全面，更不深刻，但我相信，一直遵循这一精神去做，我们的学习和生活就不至于陷入自我矛盾和冲突之中。

我们学校的办学宗旨"坚韧奋进，追求卓越"，体现了进取心。我们没有操场，没有实验室，没有图书馆等设施，就连举行一个像今天这样隆重的典礼也得借人家的场地。借此机会，作为校长，我还是要向各位同学说一声："对不起，你们受委屈了！三年不容易！"

2014年，原黄岩区人大常委会副主任蔡康来我校调研时，对于九峰中学的硬件和教学质量，我调侃说，假如"阿福卖白搭"来校采访，他一定会这样说："九峰中学老实好，高考成绩不得了；本科考出木佬佬，三个状元现煞高；遗憾校园有点小，每天困高两边跑；每餐吃饭七批倒，早上跑步弄堂绕；这种滋味好不好，全靠师生心态好。"这个心态好，就是：不失平常心，永葆进取心！

27 以平常心做人，用进取心做事

持久拥有这样心态的人，一定是一个拥有勇气、毅力和智慧的非常之人。

我们来看一看"杂交水稻之父"袁隆平的人生轨迹。

袁隆平从小就热爱游泳，读高中时，获得汉口赛区男子百米自由泳第一名；在西南农学院，他是全校的游泳冠军。一次，西南赛区进行选拔赛，前三名将进入国家游泳队。很可惜，袁隆平因一名之差错失了自己人生的第一个改变命运的机会。

大学快毕业那年，部队招收空军飞行员，袁隆平幸运地被选中了。可是，在即将进入空军预备班时，国家制订了第一个五年计划，需要一大批知识分子，而当时全国只有区区20万名大学生，空军放弃招大学生。袁隆平再一次与近在眼前的机会失之交臂。

两次机会的错失，反而造就了袁隆平大写的人生。那是因为袁隆平拥有闻誉不欣、闻毁不戚，得之淡然、失之泰然的豁达胸襟。

相反，我们常常会看到另外一种人，为了抓住机会，见利忘义，投机钻营，甚至不惜违纪犯法。一旦错过机会，就怨天尤人，一蹶不振，甚至自暴自弃。

这就是：一念天堂，一念地狱！

今天，你们将要带着你们所理解的九峰精神离开学校，我会想念你们。如果你们所理解的九峰精神也包含着平常心、进取心，这就是对我的思念之情最好的安慰。人生就像是一场没有裁判的马拉松，自我约束和持久性远比一时的速度更重要。请谨记：以平常心做人，用进取心做事。

我深深地相信，总有一天，九峰会因为有你们而感到自豪；总有一天，社会会因为有你们而感到骄傲！

衷心祝愿孩子们心想事成，一切皆美好！

谢谢大家！

28 抉择
——在 2021 年新教师培训会上的讲话

人生处处是考场，人生事事是考题。

人生的轨迹，其实就是一串串不同抉择的痕迹。生命的车轮滚动到特定的节点，你就必须做出一个抉择；千万次的抉择中，有幸福的，也有痛苦的，有轻松的，更有艰难的。每次刻骨铭心的抉择，都是一次灵魂的自我拷问，更是一次生命真谛的感悟！

2008 年 4 月，当年的黄岩美术高中报批程序走了快半年了，教育局还丝毫没有批给我们的迹象。我的内心是煎熬的。当时我们准备起步的老校区是向一个工厂租借的。厂长提出，先付定金 50 万元，加上一次性租给我们 3 年，租金 60 万元，要一次性付给他们 110 万元。2008 年的 110 万元是什么概念？黄岩最好的房子还不到 100 万元，我们老三届全校每年总支出也不到 50 万元。如果学校批不下来，一年空置将使我面临着倾家荡产的结果。厂里只给我 3 天时间考虑。这 3 天，我和我的爱人几乎夜夜失眠。第四天早上，她说："这是你的梦想，不干你会后悔的。干吧，大不了以后的日子从零开始。"我苦笑了一下，说："好吧，梦想要有的，万一实现了呢？"对于当时有车子、有房子，完全可以过上安稳舒适生活的我来说，这个抉择是艰难的；这个抉择完全出于心中的教育梦想，也就是我们今天说的九峰梦。

理想很丰满，现实很骨感。

2008 年 6 月 23 日，九峰中学历史上的第一天招生，我们仅仅招到我的大侄女戴敏鸿、好朋友的女儿王逸伦、好朋友的儿子王溢淞，还有一个原来学生的妹妹张鸥，共 4 位学生。那天晚上我失眠了，头脑中两个声音在激烈地斗争：继续办下去，一定会亏得一贫如洗；如果现在停下来，给老师、给学生的承诺怎么办？第二天早上，我毅然做出抉择，为了承诺，为了信誉，哪怕刀山火海，也要走下去！

经过一番努力，2008年8月8日，一所拥有46位在校生的黄岩美术高中起航了。为了实现"超二赶一"的办学目标，"从严治校"成为我们的核心理念。没想到，一星期下来，宋永东老师班上的一位同学因为实在吃不了那一份苦，转学走了。宋老师找我说，如果继续这样整治，说不定学生都会逃走，你怕吗？当时，我的确感到害怕，但我想了想，很快做出抉择，对他说："从严治校的理念不动摇！至少第一天招到的4个亲戚朋友的小孩无路可走，逃不了。哪怕只留下4个人，如果教好了全上本科，我们的本科率不就是100%吗？"

庆幸的是，再也没有一位学生逃离九峰。

◎ 首届开学典礼现场

2008年一定有千百次的抉择，但这三次抉择我记忆最为深刻，把理想、信誉、目标深深地根植于九峰中学的骨髓里，并使之成为九峰中学的灵魂。

13年以来，九峰人就是因为不断地在现实面前选择了理想，在金钱面前选择了信誉，在危机面前选择了目标，学校才有了现在的模样，才有了我们今天的遇见。

我们不远万里来到九峰，就是因为我们身上有着相互吸引的能量，这个能量就是理想、信誉、目标。我们深知，来到九峰，那是我们一个重要的人生抉择。来到九峰，我们不是选择了一份简单的职业，而是选择了一场非凡的创业；不是选择了一种幸福的前行，而是选择了一场艰难的修行。

修行的核心是什么呢？就是坚持！

今年，我们的小学迎来了第一届毕业生。7月1日，全区小升初成绩揭晓，教研室主任邬东平大清早给我打电话："戴校长，你们的小学不得了、不得了，M值、平均分、前80%率、合格率都是全区第一！"

我很开心，那天晚上，专门约了几位朋友小聚了一下。一位校长说："我是一路看着九峰成长的，这是一个传奇。九峰的成功，关键在于无论碰到什么困难都能坚持下来！"

是的，抉择很难，坚持更难。

初心易得，始终难守。13年以来，有多少人一开始也像你今天一样充满热情、充满干劲、充满希望，但在经历一阵阵的风风雨雨、跌跌撞撞之后，要么陷入了迷茫，要么放弃了梦想。正如徐志摩的诗里说的："走着走着就散了，回忆都淡了；看着看着就累了，星光也暗了；听着听着就厌了，开始埋怨了；回头发现你不见了，突然我乱了。"不过，用在九峰，最后一句不一样，应该改成："回头发现你不见了，九峰的步子反而更正了！"

九峰的步子更正了，靠的就是13年以来一大批真正的九峰人，在任何艰难困苦、危机挑战面前，都能始终坚守理想，坚守信誉，坚守目标！

你们来台州已经好几天了，已经近距离接触了九峰，它就是那么狭小，那么简陋，看起来那么弱不禁风，但我相信，你们应该感受到了九峰羸弱外表下藏有一颗坚韧奋进、追求卓越的强大心脏！

28　抉择

今天是新教师培训的第一天,也是你在九峰这片土地上行走的第一步。这里,只是一片新的土地,既不结实,也不肥沃,甚至连站稳脚跟的平台都没有。你真的有勇气、有毅力、有恒心要在这一片新的土地上播种、开花、结果吗?

只要你真的能像老一辈的九峰人那样坚守理想、坚守信誉、坚守目标,那么,再过13年后的今天,一定是:山花烂漫时,你在丛中笑!

29　在路上
——在 2021 年黄岩区校长读书会上的演讲

前面几位校长的发言很精彩，我听得太入神了，差点忘了自己还要上台发言。办学 13 年以来，我最怕别人问我如何管理学校的问题。怕什么就来什么，7 月 19 日，虞银满主任打电话给我布置作业，说 8 月 14 日要我做一个"聚焦质量，提升管理"的发言。我一下子蒙了，什么是管理，如何去提升呢？刚才听了几位校长的发言，犹如醍醐灌顶，一下子豁然开朗了。他们说的"减少内卷的领导力、坚守底线的执行力、角度、创新、爱"这些关键词，体现的便是最好的管理！九峰中学、九峰学校很多地方，也需要领导力、执行力、角度、创新、爱。当然，这些看起来貌似一样，但我知道，"样什么样，羊与蚂蚁差一只角"（台州土话，意思是两种事物看起来类似，实际上差别很大）。

好在我们从不气馁，我们会不断地学习。

2008 年 8 月 8 日，一所只有 46 位在校生的黄岩美术高中起航了。为了实现创办优质民办学校的目标，面对普高线以上只有 8 位学生的生源现状，"从严治校"成为我们管理的核心理念。没想到，一星期下来，一位学生实在吃不了黄岩美术高中的苦，转学走了。班主任找我说，如果继续这样整治，说不定学生都会逃走，你怕吗？当时，我的确感到害怕，但我想了想，很快做出抉择，对他说："从严治校不动摇！至少这里面有 4 位亲戚朋友的小孩无路可走，逃不了。哪怕只留下 4 个学生，如果教好了全上本科，我们的本科率不就是 100% 吗？"

庆幸的是，再也没有一位学生逃离"黄美高"。

多少年过去了，我一直都在感谢当年的那一份坚守。我常想，假如当初我们为了留住学生，留住钱，向苦、向乱、向颓废妥协的话，学校可能早已沦落成一所只有学生数，没有升学率和口碑，末流的苟延残喘的民办学校了。

世间的事情有时候是很奇妙的，一些在当时看起来非常"一根筋"的坚持，原来却是管理中最基本的底线、原则和灵魂。20世纪30年代，安徽省主席刘镇华致函清华大学教务处处长潘光旦，想让两个儿子入校旁听，因为清华规定不设旁听，潘光旦就拒绝了。他在信中说："承刘主席看得起，但清华之所以被人瞧得上眼，全是因为它按规章制度办事，如果把这一点给破了，清华不是也不值钱了吗？"中华人民共和国成立之初，潘光旦又接到高教局指令，责其办理最高法院院长沈钧儒之孙到清华旁听事宜，潘光旦也是直接去信沈钧儒，援引前例，言明无法从命。试想，当年的潘光旦如果碍于情面、迫于权威，接受旁听生，当清华园遍地都是旁听生的时候，即便潘光旦本人生活得左右逢源、风生水起、荣华富贵，但他的人格、清华的精神领域，早已成为一个"穷光蛋"了。穷光蛋与潘光旦，最后两个字的读音是一样的，但我清楚"样什么样，羊与蚂蚁差一只角"。

有人说，老戴你从来没有做过管理，当初是怎么决定办学校的？的确，我不懂管理，我也害怕管理，但我可以把自己当成是学校的第一个被管理者，去尝试管理。每次招聘老师，我都把自己当成一个学生，一个被管理者。我说如果新老师讲的课，我能听懂，80%的学生肯定也能听懂，因为没有哪一位学生的基础比我还差。碰到招聘英语老师咋办？好办！我就看学生的反应，学生反应热烈，眼里放光的，这个老师就好；学生同我一样呆若木鸡的话，这个老师就不好。

我这样做，还真的能找到师傅，据说引领镇海中学崛起的那位校长，当初是一位军管会的干部，文化程度不高，完全不懂教育。这样的校长如何去听课、去指导业务呢？他有自己的一套方法，每次听课，他就坐在讲台边上，看台下学生的反应。学生反应热烈、师生互动频繁的，这就是好老师；反之，就是不好。我宁肯相信这是真实的，因为我只能用这种方法，验证学生在课堂上是不是处在主体的位置；我也只能用这种方法，找到我在管理方面的自信。

我把这个叫作逆向思维。逆向思维反映出方向问题，方向不对，用力越大，结果越糟。

我看到过这样一个视频：一位非常强壮的特战士兵拼命地推门、踹门，门很结实，好久没有打开，这个时候来了一位长官，不慌不忙地把门向外一拉，门就开了。原来，士兵把方向搞反了，花再多的力气都是白搭。管理何尝不是同样的道理呢？方向问题是管理的大问题。

还有一个角度问题。先看一个故事：

解放战争时期，国民党俘虏看了歌剧《白毛女》，就会立即掉转枪头打国民党军。几年后，抗美援朝中抓到美国俘虏，他们看了《白毛女》什么反应呢？他们说：

（1）杨白劳借债还钱天经地义。

（2）黄世仁的老娘用簪子刺喜儿，是严重侵犯人权，应该去法院告她。

（3）农民好，拥有200亩地。

（4）富人不是坏人，他们勤奋啊，努力啊，有眼光，有实力，有机遇。

（5）一个女孩，如果没有被人欣赏，这是很悲哀的。

你看，教育对象变了，同样的角度还有用吗？

这个故事给我们的启示是：不同的人看问题，角度不同，结论就不同。我们教育学生也是这样，只有了解他们的特点、个性，才能找到合适的角度，对他们进行有效的管理和引导。

而我们的教育对象，从70后、80后、90后、00后，到现在的10后，跨度有多大！单单找到一个角度有用吗？古希腊哲学家赫拉克利特说："人不能两次踏入同一条河流。"世界上唯一不变的就是变化，这就要求我们必须学会创新。

可以这么说，我们就生活在一个创新的时代。所有人都会创新，新的教育管理理念也铺天盖地，应试教育、素质教育、快乐教育、国际化教育等等，让我们应接不暇。那么，我们的创新落脚点在哪里呢？

有一次，毛主席问一个干部什么是政治，这个干部就古今中外诸子百家洋洋洒洒地讲了一大堆，毛主席笑了笑说："没有这么复杂，政治就是把拥护我们的人搞得多多的，把反对我们的人搞得少少的。"毛主席又问什么是军事？年轻干部又引经据典地说了一大通，毛主席笑了笑说："没有这么复杂，军事就是打得赢就打，打不赢就走。"

毛主席的话也教导了我，创新没有这么复杂，最好的创新就是找到适合自己实际的管理平台。于是，我们就有了：每天睡觉两边跑，每餐吃饭七批倒，早上跑步弄堂绕。

几年前，新桥中学吴恩光校长带领学校领导班子参观我校，他感动地说："看了九峰中学之后，我再也不说硬件不好、条件不足的话了，九峰办学告诉我，办好学校，硬件固然重要，但是精神更重要！创新更重要！"

可以这么说，创新是提升管理能力最重要的途径和方法。

办学13年了，我的身份也逐渐变成了管理者，但我始终不敢忘记，我首先是一位老师。于是，我每天都要进画室看一看，讲一讲。有一次，我对学生讲："你要用心去看，用脑去画。"学生不解，问我为何不是用眼去看，用手去画呢？我说，只有大脑和心灵才能够创造一切！如果说大脑是知识、是IQ，那么心灵就是智慧、是EQ。如果大脑和心灵、知识和智慧能够完美结合，一个人离成功就不远了。但是，能给社会带来美好的生活，还需要爱商、领导商，这就是LQ。

如果把坚守底线当作管理的平台，角度和创新就是提升管理能力的两个翅膀，爱商、领导商便成了提升管理能力的助推器。

好的教育管理往往就是"身教重于言教",爱商、领导商会更多地体现在守望、陪伴和引领上。

张慧萍当实验中学校长的时候,每天早上6点钟,学生过马路,她也过马路去学校,她是我们管理的好榜样。我经常对学校的领导班子说:"最好的管理,就是像张慧萍一样敬业的那些公办学校的校长所做的那样,不是喊破嗓子,而是做出样子!"

13年以来,九峰中学的管理有点像样了,但比起公办学校的一些优秀管理,"样什么样,羊与蚂蚁差一只角"。我知道,向管理要质量,我们永远在路上!

30　天才哪里来
——在 2021 年秋季开学典礼上的讲话

14 岁的全红婵，5 次入水 3 次满分，打破了世界纪录，很多媒体和网友称赞她为"跳水天才"。那么，她真的是天才吗？

记者问她成功的秘诀是什么，她平静地说："练呗，自己慢慢去练呗。"

她到底是怎么练的呢？

教练说她付出了比同龄人更多的努力，每天练习陆上后空翻 200 次，跳水至少 120 次，失误一个动作就要回去跳 10 次。

到底是什么样的力量让她对自己这么狠？

她说："我妈妈病了，我想赚很多钱给她治病，得赚好多钱，去治好她。"

多么懂事的孩子呀！我听了，瞬间泪目。

巴尔扎克说："没有伟大的愿望，就没有伟大的天才。"如果说全红婵是一位伟大的天才，那么，对于一个 14 岁的孩子来说，赚钱治好妈妈的病，就是一个伟大的愿望！

我们每个人都有很多美好的愿望，有了愿望，才会有想法，但我们经常以为，我想到了，说到了，就代表自己能做到。这其实是自欺欺人，因为这个世界上最远的距离就是想到和做到之间的距离！

我读初中的时候，一次去亲戚家做客，刚好亲戚在算命。他 50 多岁了，虽然很聪明，但一事无成。算命先生当时的一句顺口溜，我至今记忆犹新："黄昏想起千条路，早上起来走原路。"说的就是，只想不做，一切归零。

几十年下来，我时刻警示自己：想到的事情，去做了吗？做到了吗？

前几天，一位老朋友给我打电话，说在网上看到我的《以平常心做人，用进取心做事》。他说："没想到这么长的讲话全程脱稿，你真是一个天才！"我差点笑掉牙，我怎么也成了天才？

学生天天在抱怨单词难记，课文难背。最近几次讲话，我全程脱稿，无非就是想给我的学生做做样子。没想到，我下功夫背到下半夜，居然背下了。就这，在别人眼里居然成了天才。

我一直在思考，什么是天才？天才哪里来？没想到朋友的一个谬赞，竟然让我找到了答案：天才就是把想到变成做到！

与其说全红婵是天才，不如说她演绎了把想到变成做到的传奇。

把想到变成做到，说说容易做到难啊！

阻碍我们把想到变成做到的最大敌人是借口。

想干一件事，一个理由就够了；不想干，就可以找出一万个借口。当我们遭逢挫折、遭受打击、遭遇失败的时候，往往把问题归结于出身不好、起点太低、时间不够、代价太大、矛盾太多等等，这些自圆其说的借口，将一个个美好的想法搁置到了明天。岂料：明日复明日，明日何其多，我生待明日，万事成蹉跎。

曾经有人说，"寒门再难出贵子"，那么全红婵家到底算是什么门呢？低保家庭，一定是寒门了吧？但家境不好、起点不高，并没有剥夺全红婵创造传奇的可能。

同学们，我们也站在一个很低的起点上，我们的中考录取分远远低于黄中、北师大附中，最低分的学生与他们的学生相比较，差距将近180分。

如果把黄中、北师大附中比作你心目中的豪门，那么，九峰便是寒门，加上这么差的硬件，甚至可以说我们连门都没有。但是，13年下来，九峰的寒门却走出黄岩区文科状元1人，浙江省美术联考状元2人，平均本科率为80%左右。这是因为九峰这扇寒门里，有着一个个敢于冲撞命运的灵魂，他们一直都在用自己的行动讲述着把想到变成做到的故事。

刚刚毕业的胡君逸，高一入学成绩在班上几乎垫底。她在高考百日誓师大会上说："我虽然做不了一个聪明的人，但一定要做一个最拼的人。"她是这样想的，也是这样做的，而且做到了。她成为同学心目中的学霸。

我们的1、2、3班的同学，入学成绩在全校320名以后，但经过一段时间的努力，有很多同学成功逆袭。比如高二（1）班的卢浩榆，上学期期末考试排名年级第4名；高三（2）班郑世豪和陈俊豪，去年6月考试，一个年级第7名，一个第8名。他们可能没有全红婵那么靓丽、那么炫目，但他们能够把想到变成做到，他们同样也是天才，而这些天才的底色都是勤奋。

◎ 胡君逸同学

在现实中，很多人梦想一夜暴富，梦想无须努力的成功。但生活不是童话，既没有无缘无故的苦，也没有无缘无故的甜。"幸福是奋斗出来的"依然是真理。

奥运会把一个想去游乐园玩一玩、想玩抓娃娃的普通孩子全红婵，变为全球最耀眼的明星。她的传奇让我们相信：我们都是普通人，但只要我们足够勤奋，把想到变成做到，我们都可以成为天才！她的传奇激励我们：命运给了你一个比别人低的起点，是想让你用尽全力去创造一个绝地反击的故事！这是个关于梦想、关于希望、关于勇气、关于信心、关于坚韧、关于卓越的故事，这个故事的情节是"黄沙百战穿金甲，不破楼兰终不还"。这个故事的主旨是天不负有心人，有志者事竟成！

谢谢大家！

31　真金不怕火炼
——在 2021 年教育实习开班仪式上的讲话

有一天，弟子问禅师："你为什么有时候很严厉甚至很苛刻，有时候对人又彬彬有礼？这里面有什么玄机吗？"

禅师说："对待层次高的人，要直指人心，该严厉时就严厉，因为真金不怕火炼，他经得起考验；对待中等层次的人，说话要隐喻、讲分寸，因为他受不了太多的打击；对待层次低的人，要面带微笑，双手合十，因为他很脆弱，要用世俗的礼节来待他。"

2018 年，我校第一次接受实习老师。当时我们没有任何经验，我们反复考虑应该怎么做，是双手合十、彬彬有礼，还是严格严厉呢？

我们非常清楚，你们在这里只有两个月，无论从哪种角度来说，你们只是九峰中学的客人。对待客人，理应"热情、宽容、迁就"。这样做，你们在这里的两个月一定过得很轻松、很舒服、很开心。这样做，对九峰来说也是最省劲的。

但是，你们开心之后得到什么呢？激烈的就业、从业竞争绝不会因为我们的热情、宽容、迁就而改变，它要的是"凭本事吃饭"，它要的是"靠实力走江湖"。

当你选择去一所面积不到一个足球场大小的学校实习的时候，我想，在今年哈师大的所有实习生中，你选择的学校的条件应该是最艰苦的。凭这一点就足以说明，你来不是为了享受我们面带微笑、双手合十的接待，而是为了接受挑战和考验，在教育实习中让自己的能力得到锻炼和提升。

如此甚好！从现在起，为了使你能学到一点真本事，九峰就不再把你当作客人。你在这里的两个月就是一位九峰人，和我们就是一家人。希望你在接下来的日子里,说什么话都要以九峰的理念为核心,做什么事都要以九峰的规范为准则,严于律己,不折不扣地完成九峰中学布置给你的每一项任务。

这样一来,你就成了今年哈师大所有实习生中最"倒霉"的人,因为你不但选了一个条件最艰苦的地方,而且选了一个学习又最辛苦的学校。或许你会懊恼,但艰苦的条件,严格的约束,加倍的压力,不正是你学到真本事、把自己炼成真金所需要的吗?

九峰中学能够让你学到什么本事呢?

两个月的时间,我们无法让你成为一位从容不迫、侃侃而谈的成熟老师,成为一位思想活跃、应付自如的优秀班主任,成为一位开拓创新、格局宏大的学校领导;九峰只能教会你一个信念,一个"自信人生二百年,会当击水三千里"的强大信念。

◎ 建设中的新校园

正是因为有了这种信念，2008年，在一个只有3300多平方米的破旧厂房里，九峰学校破壳而出，并且从一开始就目标明确，要使它成长为一所一流的民办学校。

正是因为有了这种信念，九峰才能够从举行第一届开学典礼时的46位在校生，发展到今天有2239位在校生这样的规模。

正是因为有了这种信念，九峰才能够考出80%左右的本科率，考出黄岩区文科状元1人，浙江省美术联考状元2人。

正是因为有了这种信念，局促狭小的九峰才敢放出这样的豪言："拳打卧牛地，兵练方寸场，地场虽局促，心胸怀天下。"

如今的九峰中学，新校区建设如火如荼，正处于大发展、大跨越的重要关头。我们期待，明年的今天，你们中有人已经成为九峰中学的正式老师，站在九峰的讲台上，给九峰的学子讲述："真金不怕火炼，幸福来自奋斗！"

32 七十二变
——在 2021 年庆祝教师节暨颁奖大会上的讲话

孙悟空被二郎神捉住后,天庭要惩罚他,没想到他却是雷打不死,刀砍不伤。太上老君提议把他放在八卦炉里烧,没想到,非但没有烧死他,反而让他炼出了一双火眼金睛。

在这个校园里,最后一次庆祝教师节的时候,我回想起了自己的童年。那个年代,我们没有奥特曼,没有米老鼠、唐老鸭,更没有王者荣耀。残缺不全的连环画《西游记》,便是我们最好的精神食粮,神通广大的孙悟空便是小时候心目中的英雄。

我们首届开学典礼,只有 3300 多平方米,13 位老师,46 位在校生,加上职业高中性质的限制,要实现"超二赶一"的办学目标,何尝不是一场艰难的取经之路、修行之路、奋斗之路呢?

好在,我们就是孙悟空。

孙悟空能七十二变!

这第一变,变成"铁面"项东京。他是我们学校的教务主任,干的是吃力不讨好的差使,那就是制定课表,安排课务。如果从个体出发,无论是老师还是同学,每个人都会觉得课程设置不如意、不合理、不舒服。东京老师一贯坚持公平、公正、公开的原则,从不迁就,甚至非常"一根筋"。世间的事情有时候真的很奇妙,一些貌似非常"一根筋"的坚守,恰恰就是我们学校管理中最基本的底线、原则和灵魂。

这第二变,变成"书童"张付云。他是我们学校的政教处副主任,就餐督促有他的目光,抓就寝秩序有他的身影,路口保安有他的脚印。更让人感动的是,画室模拟考时经常会看到他来一起铺画、打分、统分,忙得不亦乐乎,美术老师都称他为画室的"书童"。

"铁面"项东京、"书童"张付云，即便他俩没有什么惊天动地的创举，仅凭十年如一日敬业奉献的工作态度，也让他们当之无愧地成为九峰的功臣！

这第三变，变成"没问题"孙浩楠。同浩楠老师打过交道的人一定会感受到，只要你找他帮忙，不管为难不为难，不管有没有压力，不管矛盾有多大，他总是说"没问题"。他为人豪爽、豪迈、豪情。

这第四变，变成"没关系"王晓雨。让晓雨老师兼任两个部门的工作，跨学科跨年级，超班级超工作量，征求他的意见时，他的答复是"没关系"。他为人热心、热情、热烈。

这第五变，变成"没事的"宋元泉。为什么高一段要选择元泉老师为段长助理呢？我想，这与他低调做人、踏实做事的风格有直接关系吧。不管任何工作，任何任务，任何安排，只要找元泉老师，他都会说"没事的"。他为人地道、厚道、正道。

这一届5个"最美九峰人"，他们有一个共同点就是：都是负责段里工作的，都是干事的，都是老黄牛！他们有一个共同的名字叫作好人！他们最美的地方在于心灵！

这第六变，变成"园丁"班主任。他们心里有爱，手持戒尺，眼中有光。他们拥有唐僧的紧箍咒，又有如来佛的手掌心，更有菩萨的好心肠。

红花还要绿叶衬，这七十二变里有着一群特殊的老师，比如许秋云、陈元、王弋、杨雪芬、张清、应云珍、王文君。他们是绿叶。他们中间有每天晚上12点才可以准备睡觉的宿管老师，有每天凌晨3点半到学校给我们做早餐的叔叔阿姨，有随时帮你们刮痧服药的校医和小卖部的阿姨。他们善良、勤奋、敬业，他们细心、尽心、贴心，他们温和、温暖、温馨。他们既像妈妈，又像老师，他们同样是我们九峰中学的功臣，他们同样是我们九峰中学美丽的园丁！在这特殊的日子里，让我们用最热烈的掌声感谢我们最敬爱的老师！

然而，七十二变的孙悟空，变的是本事，不变的是初心。

13年以来，越来越有本事的"孙悟空"们，把黄美高变成了九峰，职高变成了普高，3300多平方米变成了68000多平方米，13位老师变成了178位，46位在校生变成了2239位。我们变得欣欣向荣，蒸蒸日上；我们变得信心满满，胸有成竹；我们变得豪情万丈，干劲冲天！

◎ 露天晚会现场

今晚庆祝会的现场，我们把唯一一个篮球场的篮球架卸下来，才坐下了全校师生，把篮球场边上的树枝修剪掉，才看到了整个舞台。这只是13年以来九峰踏平坎坷成大道，斗罢艰险又出发的一个特写镜头。一路走来，美术高中、职业高中，场地局促，多少困难、多少制约、多少打击，练就了九峰的火眼金睛！

一番番春秋冬夏，一场场酸甜苦辣，敢问路在何方？今日，我们说：路在脚下！

送走晚霞，迎来日出，明年的我们就要在新校园中大显身手。风雨雷电，七十二变任叱咤，一路豪歌向天涯，向天涯！

33 幸福在哪里

——在 2022 年春季开学典礼上的讲话

春节期间朋友小聚，聊到我一般都是 6 点之前到学校，晚上 11 点以后回家。一位朋友脱口而出："老戴，我敬佩你的精神，但不愿过你的生活。你这种生活模式，生活质量在哪里，幸福在哪里？"

我一时竟无言以对。

是啊！他说得对！五十多岁已经是"夕阳无限好，只是近黄昏"的年龄了，"退居二线"成为这个年龄的代名词，"享受生活"成为这个年龄的另一张标签。老朋友聚在一起，讲理念的多了，谈理想的少了；讲钱途的多了，谈前途的少了；讲养生的多了，谈人生的少了。

我并不排斥这样的想法和活法，只是有一点不甘，有一点迟疑。我想，还能不能通过一些不同的路径找到自己的幸福？

1986 年，我考上了黄岩师范学校。对于一个来自大山里的孩子，校园里的琴声有着特别的魅力。一次上声乐课，学的是《幸福在哪里》。当时我坐在靠窗的座位上，午后的阳光温暖地照进来洒在我的脸上；优美的歌声，缓缓地流进我的心田。那一刻，我突然感到了幸福。歌词"幸福，就在你晶莹的汗水里"拨动了我的心弦，引起了我的共鸣。

"幸福在哪里？朋友啊告诉你，它不在柳荫下，也不在温室里。它在辛勤的工作中，它在艰苦的劳动里。啊！幸福，就在你晶莹的汗水里。"

这一首 1984 年"春晚"的歌，唱出了那个时代人们的心声。那时候的读书人坚信"学好数理化，走遍天下都不怕"。没有人会想到拼爹；拼爹没用，因为爹没钱。

就是这份幸福感带来的自信,让我萌发了考大学的念头。做出再次考试的决定,内心充满了挣扎和恐惧,因为要是考不上,大概率就要砸掉自己的铁饭碗了。将近五年时间的自学漫长而煎熬,但这一过程让我深切体会到,原来"幸福"这一张图案就是由许许多多痛苦的碎片焊接而成的。真正去寻找幸福是需要很多力量和勇气的。面对一路上的酸甜苦辣、艰难险阻,你都要说:"风雨中,这点痛算什么,擦干泪不要怕,至少我们还有梦!"

想明白了这一点,我感觉找到了一种新的幸福,那就是学会倾听自己内心的声音。

因为这一改变,才有了现在的九峰中学。很多大学的优秀毕业生来到了黄岩,成了我们的同类项,这个同类项最基本的因子就是胸怀理想,热爱教育。这是一个强大的磁场,不断共振出很多美丽的故事。比如这次期末考试,高二(3)班的总平均分超越了两个实验班;高一(1)班的杨锦、高一(3)班的葛炎伦、高二(1)班的甘雨昕、高三(1)班的李浩杰,进入年级前15名;在浙江省1月选考中,高三(1)班的李益漫考了年级第7名。1、2、3班是我们的普通班,入校成绩都在320名以后,如果他们没有真正倾听到内心深处"坚韧奋进、追求卓越"的呐喊声,能有这么强大的战斗力吗?

也正是因为这一改变,刷新了我人生键盘的打开方式,角色意识如同一双无形的手,时刻推着我前进,使我不敢随波逐流。

曾经,有一位家长给我打电话,要我同任课老师打招呼,不要给他孩子太多的压力。他说:"我家有三个工厂,三套房子,孩子作业做不做、成绩好不好都无所谓,我只要他过得快乐幸福。"

但是,内心的声音召唤着我,采取了与这位家长的意见截然相反的行动。我找到孩子,对他说,澳门赌王的儿子何猷君算是出身豪门了吧?但他20多岁时从来没有给自己放过一天假。他曾多次参加"世界数学竞赛",参加《一站到底》《最强大脑》等节目,表现上佳。我说,在本该神采飞扬的花样年华，就应该做好自己、放飞自己、成就自己，让自己成为自己一辈子的靠山！

经历的世事多了，人反而变得容易感动。当我看到武运渊老师每天都在班级门口的小黑板上写一段名言警句，看到他在班级的门上贴上自己手写的"虎年虎岁扬虎气，六班六月扫六合"的春联时，我感动！1月选考的前几个月，当我看到陈绍玲等老师几乎每个晚上都来学校给同学们培优补差时，我感动！

◎ 教室门口的春联

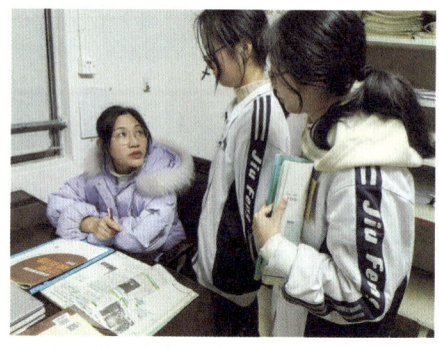
◎ 陈绍玲老师辅导学生

你也许会问："他们这么辛苦，幸福吗？"

有一次，我陪一位老师找老中医牟重临先生看病。我和牟老是忘年交。他快80岁了，还在人民医院上班，我劝他不要太辛苦。他说："我有很多病人，他们需要我；他们需要我，说明我有用；对别人有用是一件很幸福的事，因此就不觉得辛苦。"

我突然顿悟，像武运渊、陈绍玲、牟重临一样，付出真心、使出真劲的人是幸福的，因为他们对别人有用！

前几天，我收到在深圳的老朋友黄英德寄给我的一张速写。这是蒋文兵先生给我画的一张肖像。我的思绪一下子回到30多年前的1990年。那一天，在文化馆三楼，蒋先生对我说："你是一个苦行僧，我要把你坚忍不拔的气质画出来。"

几十年下来，风风雨雨不歇脚，差不多真成了苦行僧。比如2010年，银行突然收回贷款，不再续贷。我愁得三天三夜没有合眼，头发一下子白了半边。那天晚上，我一个人站在操场上，情绪坏到了极点。我想到了放弃。正当我万念俱灰的时刻，突然听到从二楼教室传来的琅琅书声，清脆而明亮，把我从黑暗的冰窖拉回到希望的田野。我当机立断，狠下心肠，把家里的老房子卖掉救急。

◎ 蒋文兵先生的速写

◎ 琅琅书声

从此以后，每当觉得自己快没电的时候，我都会站到校园里，听孩子们琅琅的书声、欢快的笑声、铿锵的脚步声，补充能量，找回幸福感。我想，这大概就是青春的气息、生命的力量吧！教育真的是一场度人度己的修行。我发现，幸福的终极来源是面对真实的生命。

今年九月，我们就要搬到新校园了。我讲的这些，既是我的心路历程，也是九峰的成长记录。世界很大，问题很多，人生复杂，体验不一，幸福没有标准答案。

如果有一天再有人问我幸福在哪里，我将用周涛的诗歌回答他：
让我生命的船在风暴降临的海面浮沉吧，
让我肺腑的歌在褒贬毁誉中永生，
我愿接受命运之神的一切馈赠，
只拒绝一样：平庸。
我不要世俗的幸福，却甘愿在艰难曲折中寻觅真金。
即使我衰老了，我也是骄傲的：
瞧吧，这才是真正好汉的一生！

34　谁是你的贵人

——在 2022 届高三学生毕业典礼上的讲话

2017 届校友王映予，西南政法大学毕业，今年以优异的成绩考上复旦大学法学专业的研究生。王映予的家人同我分享了这一喜讯，同时非常客气地说，感恩母校，母校的宋永东、李潞、吕嘉英等老师都是王映予人生道路上的贵人。

我突然明白，在你的生活里，有的人就像一缕春风，只要他温润过你的心田，激发过你的活力，放大了你的格局，他就是你的贵人。

贵人相助，可以让你峰回路转、柳暗花明，让你平步青云、扶摇直上，让你成就梦想、点亮未来。

我们期待遇见贵人，其实，贵人一直与你同行。你与贵人的路径是平行还是相切呢？这就要看你是否拥有足够的善良、能力和情怀。

前不久，我看到一则小视频，一位男孩正在写作业，看到一个骑电瓶车的人摔倒了，男孩立马冲出去搀扶，岂料几秒后，楼上掉下一袋石灰，刚好砸中男孩的桌子，男孩幸运地逃过了一劫。

毫无疑问，男孩是一个好人，正是男孩的这一个善举，帮了别人也帮了自己！

我们期待遇见贵人，原来，贵人有时候就是自己的善念和善举！

今天，当你告别母校背起行囊准备远行时，请带上你的善良吧！

只要有了善良，无论走多远，你都不会屈从暴力，迎合虚伪，接纳冷漠。你会在路见不平时一声吼，你会在该出手时就出手。

善念有大有小，莫以善小而不为。我经常因为老师和同学的一些善举而感动。3 月 15 日早上，一场大暴雨，画室边上的路面全是积水。生活老师吴赛花拼命地扫水，路面扫干了，但吴老师全身都湿了。这并非她的本职工作，只是她善良。

多年以后，你可能记不住我在这里所说的话，也记不得在学校所学的知识，但帮你扫干路面积水的吴老师，帮你刮痧的食堂阿姨，半夜心急火燎地陪你去医院的班主任，你可能终生难忘。这就是九峰给予你的教育，教育你要做一个好人！

今年的高考已经落下帷幕，你会用怎样的心态面对最后的结果呢？

白岩松说得好："每个人都想赢，但不怕输才是关键，只有不怕输的时候，你才能赢。"

校友王映予，在九峰三年的目标是考上复旦大学。遗憾的是，高考没有实现她的愿望，但她不怕输，本科期间努力学习，现在终于如愿以偿了。

与其说王映予在九峰、在西南政法大学遇见很多贵人，不如说是王映予那种不怕输的品质就是自己的贵人。

◎ 王映予同学

"不怕输"三个字，说着容易做着难啊。

没有达到预期的目标，感叹怀才不遇，知音难觅，有用吗？

学学陈居里吧！

1990年，陈居里从北京航空航天大学毕业，到福耀公司求职，曹德旺看了他的简历，轻描淡写地说："去锅炉车间拉板车吧。"

一个名牌大学的高材生去拉板车，如果从输赢角度去衡量这次求职,毋庸置疑,就是一个字"输",而且是输得一塌糊涂!

你知道陈居里是怎么做的吗?一个字"干"!而且一干就是7年!这7年,他经常受到人们的冷嘲热讽:"上了大学又能怎样?还不是同我一样干苦力。""他是不是把脑子读傻了。"有人认为他是一个"软柿子",故意把重活、苦活、累活推给他,甚至有人让他背黑锅。

曹德旺问他:"一直在公司拉板车,不觉得屈才吗?"

他说:"我觉得成功路上需要很多的经历,特别是抗压能力。当年我大学毕业时就像一张白纸,需要各种意想不到的磨难才能画好这张纸。"

曹德旺高兴地说:"好!"之后在曹德旺的培养下,陈居里成了福耀公司的副总裁。

亲爱的同学,假如你将来碰到这种情况,你会怎样?暴跳如雷?此处不留爷,自有留爷处?还是像陈居里一样,把磨难和委屈当作你人生的充电器,不断地给自己补充能量呢?

如果能像陈居里那样,当能量积聚到一定程度,能扛得住一切压力的时候,你的能力就成了你自己的贵人。

每次说到贵人,我都特别激动。经常有人问我,九峰起步的时候条件那么差,能够发展起来靠什么?我说,是我们一路上碰到好人,遇见贵人。

为什么有这么多贵人相助呢?

是情怀!是这些贵人有着支持教育的情怀。

什么是情怀呢?鲁迅先生说:"无穷的远方,无数的人们,都和我有关。"

这些贵人觉得教育与他们有关。

这些贵人的情感和胸怀,深深感染了我们,也渐渐地变成了九峰的胸怀。

说到胸怀,我总是想起小时候走夜路的情景。那时候的农村没有手电筒，更没有路灯，夜晚走路靠火把照明。大人说："前亮一，后亮七，你照我，我照你，天下不会黑漆漆。"意思就是说，举着火把走在第一个，由于逆光，只能照亮自己一个人；举着火把走在最后面，至少可以照亮前面七个人。大人们用这件事教育我们要有博大的胸怀，这是一件很有意思的事，我们都争着要走在最后举火把，因为照亮别人的感觉真好！

亲爱的同学，告别九峰后，你愿意做这个举火把的人吗？我们不要老是埋怨天黑，在别人的背后默默地举起火把，你会照亮很多人；要是我们人人都举起火把，还怕天黑吗？

任何时代都有举火把的人。

传说，康熙皇帝得了一种怪病，御医束手无策。一日，他微服私访，被一药铺郎中的琅琅书声所吸引。抱着试试看的心态，他将自己的症状告诉郎中，没想到郎中马上开出了方子。见康熙犹豫，郎中提出痊愈后再付钱。康熙将信将疑地服用，没想到几天后居然痊愈了。康熙再访来付费，郎中笑着拒绝了，说："当时不收费，是为了让你有信心用药。我以为，医者当为普天下百姓着想，治病乃我所愿也。"康熙被他的情怀所感动，就助了他一臂之力，从此，天下有了"同仁堂"。

我们期待遇见贵人，原来，贵人有时候就是自己的情怀！

或许你会把我讲的这些都归结于巧合，但我更愿意相信：万事皆有因。

你是谁，便会遇见谁。

在乎你的人，因你的善良而来；敬佩你的人，因你的能力而来；欣赏你的人，因你的情怀而来。

当别人为你举起火把时，切莫以为是理所应当，你也应该报以善良，用能力和情怀去点亮别人。遇见贵人的终极愿望，就是让自己成为别人的贵人。

35 看见
——在 2022 年新教师培训会上的讲话

2022 年的大半年过去了,我们看到了很多不平凡的事。俄罗斯和乌克兰的关系说不清道不明,如果要我站队,我真搞不清要站在哪一边,但我看见了:落后就要挨打。疫情,剪不断理还乱,但我看见了:活下来便是王道。"双减",培训机构从云端跌到谷底,而培训界的大佬俞敏洪像坐了一趟过山车,最近新东方的股票涨翻天了,这让我看见了:起死回生有时候靠的就是人品。新高考,把物理和化学捆绑在一起了,说是改革到了深水区,但我看见了:高考的改革永远在路上。对有的民办学校,政府专门出台各种特殊优惠政策加以扶持,但是还是停办了,这让我看见了:靠山山会倒,靠人人会跑,只有靠自己,永远活得好。

我们都是普通人,很多时候很多事情总是在看见后才相信。

最近一段时间有很多家长到工地参观。看到脚手架卸下了,操场开始平整了,瓷砖贴到墙上了,他们才相信 9 月 1 日九峰真的能够搬到新校园了。一位家长说:"我天天盼望 9 月 1 日孩子能够在新校园读书。"但他接着说:"很奇怪,我真的又很希望我的孩子是九峰的第一届学生,让他苦三年,和学校一起成长,一定会看见很多看不到的东西,一定会学到九峰的创业精神。"说得我内心久久不能平静。

创业,说说容易做做难。2008 年,我们的第一次教师会就定下了"超二赶一"的办学目标,我们天天盼望着将来拥有自己的新校园。

可现实呢?当我足足花了三个小时动员学生到黄岩美术高中读书的时候,家长的一句话差点噎死我:"说了半天,没有一个名师,没招到几个学生,还说要办一所一流的学校,说出去都要笑死人!"当我们第一次参加全区教研会的时候，当我们说自己是黄岩美术高中老师的时候，传过来的只是人家不屑一顾的表情；当我们说打车到黄岩美术高中的时候，司机总是一脸茫然，我们只能说到黄岩党校对面下车吧。

我记得一次招老师的时候，有一位新老师说，黄岩在全国没有多大名气啊，以前我做梦都没想过会到黄岩工作，更没想过会在黄岩定居。我说，等我们的九峰中学办好了，黄岩就有名气了，就像衡水中学，就像镇海中学，就像毛坦厂中学。

我们不是吹牛皮。14年风雨兼程，我们经历了从美术高中到九峰中学的蜕变，我们经历了从职业高中到普通高中的裂变，我们经历着从租校园到拥有新校园的改变。

各位新老师，我觉得你们这一届新老师是一届特殊的老师，也是一届最幸运的老师，因为你们站在新旧交替的节点。你们坐着老校园最后一班绿皮车，搭上新校园第一趟高铁；你们看见了过去的荣光，又展望着未来的荣耀；你们承上启下，又继往开来。

由于疫情，你们来到黄岩很多天了，也只能足不出户，但我相信大家的心一定早就同九峰连成一片了。大家最想做的，就是寻找九峰老师应有的模样。

穿越14年，你们一定会看见宋永东老师被评为台州市直教坛新秀、第八届十佳新黄岩人，李潞老师成为台州市直名班主任，获市直优质课一等奖；你们会看见把普通班本科率做成了100%的班主任毛小光，看见把M值考成全区史无前例的天花板级别的刘芳琪老师；你们还会看见张鹏举的肯干，马静的踏实，秋生的妈妈式服务，嘉英的多才多艺，女强人殷雪娜……他们就是九峰老师应有的模样，也是九峰想要的老师榜样。

九峰的可贵之处，就是在别人不相信的时候，九峰相信了未来。

九峰的得意之处，就是很好地诠释了"一般之人都是看见了才相信，非常之人是相信了才看见"。

在正式成为九峰人的时候，你也是非常之人了。我特别期待的是：你看见未来的 14 年，九峰是什么样的呢？

未来的 14 年，我们想要的模样就是超越重点中学！那么，这就是终极目标吗？

显然不是！我们最想要看见的，就是考出清华、北大的学生，考出省状元！

我想起 14 年前的 2008 年，永嘉中学的老朋友刘仁奇告诉我，他们学校学的就是衡水中学的那一套，学生走到哪里都必须拿着书、高声读。我们迫不及待地过去学习。我看到了永嘉中学不同寻常的学习氛围。我对老刘说，如此下去，你们学校一定会考出清华、北大的学生，考出省状元。14 年以来，他们从偶尔考出清华、北大的学生到年年都有清华、北大的学生。巧得很，在我们即将搬入新校园之际，14 年后的今天，永嘉中学还真的出了状元。

那么，我们的清华、北大的学生呢？他会在未来的第几年出现呢？我们的省状元又会在未来的第几年降临呢？第一个清华、北大的学生，到底会在我们在座的哪位老师手上培养出来呢？第一个省状元，到底又会花落谁家呢？

各位新老师、新同志，十年磨一剑，14 年时间，老九峰人已经用自己的实际行动，磨出了一把闪闪发亮的宝剑。

你们愿意接过这把剑吗？我说你们幸运，幸运就在于你们是第一批踏上九峰新高铁的人；我说你们幸运，幸运就在于九峰会在你们的手中实现腾飞！如果你们相信，你们一定看得见！

谢谢大家！

36　一切都是最好的安排
——在 2023 年春季开学典礼上的讲话

昨天晚上，四面的吸音板全部完工，这个大会堂终于可以投入使用了。我一个人来到这里站在这舞台上，突然想起一首歌《掌声响起来》，我的眼泪忍不住掉下来。经过多少失败，经过多少等待，才听到掌声响起来，我的心中有无限感慨：方寸场，十四年，我们一起体验的风霜雨雪；卧牛地，五千日，我们共同品尝的酸甜苦辣，就像歌词说的：多少青春不在，多少情怀已更改，我心更明白，你的爱将与我同在。

登上今日的舞台，我的思绪却回到了 2008 年，面对 3300 多平方米、13 位老师、46 位在校生，我们信心满满地喊出了"非常之人做非常之事"。14 年过去了，所想皆如愿。我发现："这世界有那么多人，多幸运，我有个我们。"如此说来，这一路上吃的亏、遭的罪、刺的痛，难道不是最好的安排吗？今天，请允许我把这一路上的几个小故事，连成一条线，这条线也就是我今天讲话的题目"一切都是最好的安排"。

2008 年 6 月 22 日，是我们办学以来的第一次招生。当时的学校叫黄岩美术高中，因为校园在装修，我们租了一个职校的食堂三楼当作招生办公室。当天，我和以前画室的学生毛灵芝负责接待，陈艳红老师和一位家长吕鸿琴负责报名录取。

那天，天还没亮，就有很多人来咨询，一整天人来人往。我们一刻不停地向不同的家长、不同的学生宣讲着"黄美高"的办学理念。直到晚上 11 点多，终于没有人来了。我迫不及待地问陈老师，今天报了多少人？她说："缴了学费，领了通知书的一共 4 个人。"

我的脑袋"嗡"的一下，顿时傻了眼。

尽管我有充分的心理准备，但我做梦也没想到，接待了这么多人，讲了这么多话,做了这么多思想工作,居然只招到 4 个学生,而且这 4 个学生:戴敏鸿,是我二哥的孩子;王逸伦、王溢淞,是我好朋友的孩子;张鸥,是我以前的学生的亲妹妹。社会层面居然一个也没有!

这一晚上,我沮丧至极,彻底失眠了。要知道,1993 年大学毕业以后创办了画室,经过 15 年的努力,近几年想到我画室学画画,都要托人情、开后门才行。原本以为,凭自己的名气,办全日制学校,要读书的学生一定会接踵而来,完成 120 个招生指标一定不在话下。但是,理想很丰满,现实很骨感,不要说 120 人,连 12 人都还差三分之二!

◎ 2000 年画室学生室外写生

4 个学生如何办学呢?我粗略算了一下,不要说 4 个,就是 40 个学生,一年下来也要亏好多钱。我心里打起了退堂鼓。但是另一种声音马上警告我:如果宣布不办学,你如何对得起陈艳红等 6 位江西师大的毕业生,你在江西师大招聘时不是信誓旦旦地说要办一所一流的民办学校吗?如果宣布不办学,你将来在黄岩如何混,谁还会相信你的话?我明白了,我已骑上虎背下不来了。我想,既然没有退路了那就拼了吧。于是第二天,我不再纠结,又像打了鸡血一样上阵了。

面对如此难堪的局面,身边的人都劝我降低录取分数线。因为不是没有学生，而是来咨询的人绝大部分低于460分。而我坚决不同意，因为460分已经低于普高线70分了，再降低如何教呢？争议之间，考验来了，一位初中在画室学画的路桥中学学生，中考420分，他爸爸愿意赞助50万，想读"黄美高"。要知道2008年的50万是什么概念，是一笔巨款啊！那时，全校老师一年的工资也不过25万。这是一个多大的诱惑啊！尽管这位家长托了很多人情，对我做了很多思想工作，最后我还是坚决谢绝了，气得身边所有人都怪我不懂变通，"一根筋"！

在如此"一根筋"的坚持下，到8月9日开学典礼时我们才招了46人！可是，老师已经招来了，咋办呢？小班化吧！分成3个班，8个普高线以上的同学组成文化班，其余同学都是美术班。

转眼间，迎来首届高考，我们的本科率为54%，第二届本科率为82.3%，第三届为90.9%。这不得不说是创造了奇迹。

回望过去，这些亮点足以振奋我们的精神，但其中的艰难困苦又是如此沉重地压迫着我们的神经。老三届，120个招生指标，我们第一届毕业生只有59人，第二届79人，第三届77人。我们连80人都招不到，这是多么憋屈的事啊！但是，多少年过去了，我突然感谢起那一段日子，庆幸当初招不足学生，才有了小班化；有了小班化，才有了我们老师与学生差不多一对一的教育条件；有了这样的条件，老三届如此低端的生源才有了80%以上的本科率。幸亏是小班化，我们毫无管理经验、教学经验的新老师，才有时间、有精力探索出一条符合九峰实际、具有九峰特色的管理、教育之路。

回望过去，蓦然发现，世间的事情有时候真的很奇妙，一些在当时看起来非常不可思议的"一根筋"，原来却是锻造品质、创造名牌最基本的底线、原则和灵魂。当初的"一根筋"，原来是命运之神给我们九峰铺上的最基本的教育底色。概括这底色用四个字就是"言而有信"，用两个字就是"诚信"，用一个字就是"信"。

2009年，我们想到了去外县市招生的办法。4月份开始，6位老师加上两个实习老师分成两组,一组留在学校白天上课,晚上看自习,一组外出招生。每位老师都没日没夜地工作。我们马不停蹄地跑到临海、温岭、仙居、三门、丽水、温州,隔壁的永嘉县岩头镇成为我们最主要的目标。

  岩头镇有7个初中。中考前几天,我们每个学校每个班级都进班宣讲,同时我又请求校长把班主任集合起来宣讲"黄美高"的办学理念。中考成绩出来以后,我们就住在岩头镇,拿到学生名单,挨家挨户去动员。

  6月的岩头镇,天气已经很热,汗水湿透全身,我们浑然不知。大家争分夺秒地去宣传,饿了就吃麦鼓头、喝矿泉水,根本没有一日三餐的概念。我记得,有一次下半夜1点多了,月光很亮,我、王明、袁丽、林洁四人到了岩头镇的芙蓉村,去动员一位叫李霞的同学。她刚好上岩头中学的降分线,在我们眼里是最要争取的好学生。李霞父母都外出打工了,她和奶奶住在一起,矮小的木质老屋里,除了一张很破旧的木床、两只旧木箱以外,就没有其他东西了。房间里灯光很暗。孩子很懂事,把我们坐的小木凳擦得很干净,明亮的眼睛渴望着升学。但是尽管我们动员了很久,说给李霞三年免学费,遗憾的是,奶奶坚持说家里没条件,不答应。

  经过一个多星期的努力,我们终于说动了8位岩头中学录取分数线以上的学生愿意到"黄美高"看一看。在我们的眼里,这可是考重点大学的好苗子啊。我们异常兴奋,立即开了校车把他们及家长接到"黄美高"参观。看了学校后,同学和家长都比较放心。回到岩头镇已经是下半夜了,他们说第二天早上8点到酒店大厅报名,我们真是大喜过望。可是,我们高兴得太早了,第二天早上,等到8点半了还没见一个人影。正在纳闷,酒店老板告诉我们,不用等了,你们约好的学生全被另一个高中"一网打尽"了。招走你们学生的只有三句话:黄美高是一个职业高中;黄美高没有任何办学经验;我们学校比黄美高大十几倍，也给你们三年免学费。一个星期没日没夜的努力，就被他们三句话轻松地毁掉了。

我愤怒至极，发誓同这个学校势不两立！这个学校知道了我的态度，也做出了反应，立即切断了同我们学校的所有联系，包括不准我们个别老师去听课、参加教研活动等。我们学校被孤立了。

一个多月后，我想到遭受胯下之辱的韩信、想到被囚禁27年后走出监狱之门的曼德拉，突然醒悟，平时教育学生要开阔心胸、放大格局、化敌为友，自己这是什么行为呢？我为自己的行为感到羞愧，我马上去向这个学校的校长当面道歉。很快，一切联系、一切活动都恢复了正常。

我常想，当初如果为了出一口恶气，意气用事，得理不饶人，势必会给他人留下心胸狭隘、睚眦必报的印象；以怨报怨的结果，势必会带来更多层面的不支持，让自己寸步难行，无法发展壮大。

几年以后，当我们再也不用担心招不到学生的时候，我还真感谢当年的"一网打尽"。这惨痛的教训使我明白了：弱小就要挨打；真正的强大，不是你征服了什么，而是你能够承受住多大的屈辱。

回望过去，当初的打击原来是命运之神为了提升我们的格局而故意设立的一道坎，跨过了这道坎，我学会了"退一步海阔天空"的处世之道。概括这个道，用四个字就是"谦恭礼让"，用两个字就是"礼让"，用一个字就是"礼"。

◎ 张阳同学

◎ 李郅婷同学

2013年是学校的第三届高考，本科率高达90.9%，张阳、李郅婷蝉联2013、2014年浙江省美术联考状元。这大大激发了我们办学的信心，大大增强了家长对学校的认可度。

2014年招生，我们丝毫没有担忧。果然，6月22日下午3点不到，400个招生指标全部完成。然而，意想不到的事情发生了，因为2014年新高考在浙江搞试点，6月份的时候具体怎么考还没有相关的政策；而我们学校那个时候还是职业高中。正是这个因素，学校差点遭遇关停。

一天下午3点多，教育局一个科室给初三毕业生发出一条温馨提示，大致内容是当年是新高考第一年，在选择高中的时候要慎重，职业高中性质的学生参加高考是否有影响还不知道，自己要把握好。

一石激起千重浪。这条短信一下子引起家长的强烈反响。4点左右，家长、学生黑压压一大片赶到学校，大家提出两个要求：要么退学，要么把学生的学籍注册成普通高中。

这两个要求对学校来说比登天还要难。关于第一个要求，如果同意退学，多米诺效应，高二、高三的学生也会产生恐慌，也会提出退学。学生都退学了，还有学校吗？关于第二个要求，学校性质是职业高中，学校哪有资格把自己的学生注册为普通高中呢？

所有家长和学生就这样吵着、闹着、耗着，一直等到下半夜3点钟还不肯离开。而我也到处找各级领导请示、请求、请命，恰恰又是周末，事情没法解决。下半夜我赶回学校，好不容易劝走了所有人，第二天天没亮，家长和学生又回来了，这一来闹得更凶了。我再次从区里到市里到处请示、请求、请命，事情依旧没有结果。

终于熬到了周一，在区教育局、市教育局的大力支持下，特事特办，上级同意将已经招到学校的高一新生全部注册为普通高中。下午3点左右，我赶紧跑回学校，但为时已晚，110多位成绩好的新生早已离开学校到其他学校报名注册了。可以想象，我当时的心情有多么郁闷。110多位好学生"逃"走了,升学率必然下降。

不得不说,这是我们在办学路上遇到的一次大考验、大劫难。但是,正是因为这致命的一击带来的强大冲击波引起了教育主管部门的高度重视,才推动了学校性质的转变,九峰中学终于华丽转身成为普通高中了。

回望过去,当初的劫难原来是命运之神为我们涅槃重生而故意添加的燃料。经过燃烧,我们认识到一个哲理:塞翁失马焉知非福。通过燃烧,我们养成了多角度看问题的习惯。概括这种习惯,用四个字就是"理性精神",用两个字就是"理智",用一个字就是"智"。

2022年的夏天,持续几个月没有下雨。黄岩遭遇有史以来罕见的高温。我的内心也像天气一样燥热。

时间已经是7月2日了,离9月1日开学只有2个月,除了教学楼,其他所有房子连外架都没有拆下来,更不要说外墙的装修,操场还是一片空地。几乎所有人都不相信9月1日能够如期搬迁,但是我说要背水一战,必须搬。因为我们高一的新生已经招好了,不搬,300多位学生住哪里?多出的4个班的教室在哪里?于是7月3日开始我就蹲点在工地,狠抓工程进度,每天忙得都没时间喝水,回家吃晚饭也起码9点以后,饭后又得马上赶回工地。

随着工程的不断推进,清洁工、辅助工大量紧缺。但是,好汉不赚六月钱,由于气温高达40度以上,很难招到临时工。当我们的干部、老师、生活老师、财务室工作人员以及食堂阿姨们知道这个情况后,马上来到工地义务劳动,捡垃圾的、拖地的、擦玻璃的,全面铺开。我们的义工里面不但有老师,连老师的孩子、老师的父母都出动了。在工作最紧张的时候,以张付云为代表的老师,干脆暑假不回老家,直接成为长期义工。

在现场帮助架子工维持安全、拆架子这十几天,我们都是早上4点半来工地。

时间越靠近9月1日越紧张,日夜加班都感觉来不及。8月29日了,教学楼还没通电,更不用说学生宿舍的通电。我们所有教职工包括小学、初中部的老师都加入义工行列,白天搞学生寝室卫生,晚上搬学生的书桌。

亲爱的同学,在漆黑一片的教学楼里,当你看到一群比你大不了几岁称为老师的哥哥姐姐们,特别是那些瘦小的女老师打着手机上的小电筒,汗流浃背地、吃力地把你们的桌子椅子一张张地搬到二楼、三楼、四楼时,你不觉得这就是老师们给予你的最好教育吗?

◎ 老师黑夜搬桌子

8月31日,通往学生宿舍的道路还没有硬化,幸亏老天帮忙,一直没下雨。9月1日上午,路面硬化完工;下午,我们的高一新生如约而至。整个校园建设,相比东浦中学2年3个月、永宁中学3年、椒江二中5年,九峰中学仅仅用了1年2个月时间。不得不说,我们又创造了一个奇迹。

9月初,市局领导来检查开学情况时,对于九峰速度赞叹不已。那天，我套用了陈毅同志的话："淮海战役的胜利，是人民群众用小车推出来的。"我们九峰的新校园，是全体九峰人用双手摸出来的。领导脱口而出："九峰的老师讲义气，有担当。"

可以这么说，2022年7月到10月，整整3个月，我生活在后悔、紧张之中，没有睡过一个安稳觉。后悔的是，当初不该报上去680个招生指标；紧张的是，万一工程来不及，如何面对来自家长和社会的压力。

领导的一句话让我豁然开朗，当初的那一份压力，原来是命运之神为了升华我们的九峰精神而故意在我们前进的道路上布设的机关，打开这机关的密码，用四个字来说就是"道义担当"，用两个字就是"义气"，用一个字就是"义"。

2022年12月，国家疫情防控政策大调整，管控逐步放开，但我们依然严防死守。我们每天做核酸，期待学校成为一片净土。

12月13日，我们全校师生还全都是阴性，14日早上突然接到电话，居家观察的同学出现2例阳性。我们高度紧张，马上报告上级有关领导，同时了解其他学校的情况，发现绝大部分学校也出现了病例。学校马上对两位同学的密接进行单管检测，当晚发现6人异常。学校马上增加消毒次数，扩大排查范围，进一步加强管控力度，希望阻断病毒传播。但是，与其他出现疫情的学校一样，局面已经无法控制。15日，全校累计出现28例阳性，老师、后勤都有人感染了。16日，全校累计59例阳性，绝大部分班级都已出现疫情。按照上级政策规定，我们被迫全校停课，我校成了黄岩所有普通高中学校中第一所停课的学校，虽然第二天其他学校也陆续停课，但当时我的心理压力是非常大的，谁愿意这种情况成为第一呢？

停课以后，我们对住校的老师实行封闭式管理，要求不出房门，组织志愿者送饭。戴燕青老师马上打电话给她妈妈，说儿子交给你管了，估计这个月回不了家了。我们要求所有志愿者做好个人防护，但是根本没有用，食堂工作的老蔡、良国、才德等厨师一个一个感染了，直到所有厨师全部感染。雪玲阿姨自告奋勇,成了临时厨师,阿荷、玲芬、金秀等阿姨们一个接一个地感染。感染一个,他们就抢着接上一个,确保我们80多位住校老师有饭吃。有一位阿姨说:"这些孩子不容易,离家这么远,在这里工作,我们应该帮他们。"原来,在阿姨们的眼里,我们的老师还是孩子,请允许我借这个机会,让我们一起把掌声送给把我们的老师当作孩子的阿姨们。我常想,是什么力量让我们的老师、我们的阿姨们冒着随时感染的风险,愿意用自己的健康去保护别人的健康呢?

莎士比亚的一句名言应该就是答案:"爱,能够使一切恐惧、震惊和痛苦在身受时化作甜蜜。"

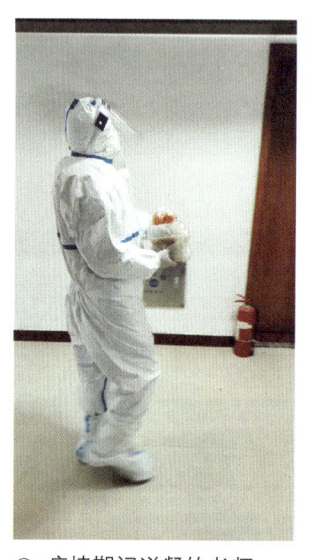

◎ 疫情期间送餐的老师

尽管我们穿着防护服,消毒液把手都消得裂开了,但20日以后,戴燕青、戴梅林、卢春凤等人还是相继感染了,宋永东、秦晓佳等还没有被感染的干部和老师纷纷要求到学校做志愿者。我们谢绝了拖家带口的老师的好意,就近选择了李小霞老师和寇子璇老师参加服务。辛苦没有白费,1月复课以后,我们学校139位教职工居然还有30人没有被感染。

人们常说,没有爱就没有教育。同样,没有爱哪来的九峰中学呢?因为爱,王晓晓、陈艳红、李潞、宋永东、袁丽、杨艳、辛欣、陈甜、江娜、姜迎、毛小光、肖红娟、余丽君、曾蔷薇等14位"老三届"老师毫不嫌弃黄美高的小、黄美高的破、黄美高的穷,不离不弃地与学校共成长;因为爱,在老校区时我们的班主任每天陪伴学生过马路,把天大的困难和麻烦,变成了一道黄岩街头美丽的风景线;因为爱,当学校有困难时,我们有些老师自愿同时当两个班的班主任,有些老师带三个班的语数英、五个班的"7选3"。

当感染高峰已过,全体师生返校学习的时候,有一天我又想起了当初给老师送饭时的情景,联想到办学路上的所有压力,不禁感叹:这一切,原来都是命运之神为了增强我们的九峰能量,而在我们前进的道路上有意布置的一道又一道的考题,概括这考题的答案,用四个字就是"厚德仁爱",用两个字就是"仁爱",用一个字就是"仁"。

今天所讲的5个故事只是九峰传奇的冰山一角,但"仁义礼智信"这5个字是我们"坚韧奋进、追求卓越"的原动力,贯穿了九峰发展的全过程。

回望历史,我们发现,所有的坎坷、艰难和痛苦原来都是命运之神在悄悄地为我们的成长铺路。度人先度己,能支撑我们变得越来越好的,是我们自己的仁爱、义气、礼让、理智、诚信。

今天,当我们终于坐在自己的大会堂参加庆典的时候,我们要讲述九峰故事,因为我害怕幸福之中的人们最不想承认自己曾经是那么的不堪,也不屑于承认曾经有过创造奇迹的英雄,最容易把一切当作理所应当。我害怕的是在不知不觉中,九峰那部热血奔涌、震撼人心的历史被荒芜了、抽干了,被弄成一件干巴巴的标本,放在那里无人问津。

当我们学习、生活在这片新的土地上,我们更应该传承九峰故事和九峰精神,要让九峰现在和今后的师生都知道,没有谁可以一步登天,没有什么事可以一蹴而就。所有的结果都像昨天的故事一样,需要一个积累、渐进的过程。

亲爱的老师,亲爱的同学,搬入新校,未来已来!九峰的未来该是什么模样的呢?

一切都是最好的安排,九峰的未来是:"一心向着目标前进的人,全世界都会给他让路!"

37 校服
——2023年2月7日在国旗下的讲话

你可能会说校服不就是一件衣服吗？没有错，校服就是一件衣服，但当你穿着校服出校门时，它还是一件普通的衣服吗？显然不是。当你穿着校服行走在大街小巷的时候，你的言行举止就代表了学校的形象。

前几天，有一位家长给我打电话说，在东官河古道上3位穿着九峰校服的学生一起吃生日蛋糕和炸鸡，垃圾随手乱扔，满地都是。她说自己很想提醒他们注意形象，走近他们时还是忍住了，但是实在看不惯，过好几天了还是给我这个校长打了电话。

类似电话何止一个？上学期，一位家长说，在柔桥的含香姜汁店，3位穿着九峰校服的女生一边吃饭，一边用黄岩最粗俗的脏话相互说笑。家长说，我听了都觉得脸红。她还说，学校应该教育教育，否则九峰中学的形象都被毁掉了。

对这些，我们没有去查看监控。还用得着去看监控吗？校园里不也有同学乱扔垃圾吗？校园里不也能听到脏话粗话吗？可以这么说，有损形象的行为举止随处可见。

今天，我们别的先不说，就说说校服。

现在，请各位老师特别是班主任一起来看一看，回顾一下，搬到新校园以后，一直都穿校服的学生有多少？完全不穿校服的学生又有多少？不看不知道，一看吓一跳吧。

九峰中学在社会上的形象是从严治校，但是连校服都穿不整齐，穿不统一，穿不规范，九峰中学的管理还算严吗？

上学期允许在校服外面穿外套的时候，就有人问过我。当时我说，我不是向家长妥协,而是向有些班主任妥协,因为有些班主任根本拗不过个别纠缠不清的家长。

这些家长说起来理由就一个字:冷!

但是我的记忆里,在黄岩美术高中的年代,我们的班主任、我们的老师要求学生,除拍毕业照或搞班级活动以外,里外都必须穿校服。

那时,天气再冷也没有同学给老师施压,因为同学们明白这样做是无理取闹,是丢人的事。道理非常简单,如果你不在学校里读书,谁会要求你穿校服呢?

那个时候,因为我们规范,所以永嘉中学、永嘉二中、玉环坎门中学、路桥中学、新桥中学、温岭育英中学等很多很多学校的师生来九峰中学,参观学习我们的早晚读、跑操、就餐、过马路,为什么最近几年一个学校都不来了呢?他们来难道是要学习我们穿得像居家休闲一样的随性,还是要学习我们有些人在与班主任说话时的蛮不讲理?是要学习我们跑操时跑得像悠闲散步一样的随意,还是学习我们那种浑浑噩噩、没精打采的早晚读?

我就纳闷儿,为什么有些班级无论春夏秋冬、风霜雨雪,都能够坚持全班无一例外地穿校服,而有人就非要把衣服穿在校服的外面才保暖。

这真是事难成而易败,名难立而易废。

校服是你身份的象征,穿校服是对学生最基本的要求。如果连这么简单的要求都做不到,如何相信你能做好其他事情呢?

高一同学还有两年多,高二同学还有一年多,高三只有100天,你们的高中生活就结束了,你们就要脱下这身校服。你们大学毕业后会穿上警服,或穿上医护服,或穿上军装,等等。你们将来穿这些服装也会随意吗?如果随意穿着,谁敢将自己的驾照或者身份证交给这样的警察呢?谁敢将自己的生命或者健康交给这样的医生呢?将国家的安全或者尊严交给这样的军人,祖国和人民会放心吗?

前一阵子，在有关部门办事，碰到了以前黄美高时代的学生，说起当年的严格管理，她心里一直充满感激。说起当年的校服，改变了黄岩校服的整个潮流。现在黄岩很少看到黄色和湖蓝色的校服了。她说她还留着校服，20年以后、30年以后，她要穿着校服来母校开同学会。而你呢？但愿你也留着这件约束你散漫、随意和颓废的校服，但愿你也留着这件记录你青春、汗水和梦想的校服。

作为校长、作为老师，更愿从此之后，我接到电话听到的是：穿着九峰校服的学生，真的漂亮、帅气，真的了不起！

38　水滴石穿
　　——在 2023 届高三学生高考动员会上的讲话

　　小时候，爸爸对我说，长时间的滴水可以滴穿屋檐下的石头。我感到万分好奇，下雨天我就趴在窗台上看雨水如何滴穿石头。雨越下越大，雨水冲击在石头上，像一连串晶莹剔透的珍珠，四处飞溅，美丽极了。雨停了，我迫不及待地冲出去查看，石头并没有任何变化。我感到沮丧。爸爸笑着说："水滴石穿，那是需要很长很长的时间的。做事也一样，需要恒心，坚持不懈，才能成功！"我听得似懂非懂。

　　有一次去外婆家，天下着雨。我看到了临街的几块大石头上有一排被雨水冲击出来的拇指大小的凹坑，水滴正在不偏不倚地砸进那些凹坑里，这不就是"水滴石穿"吗？我激动万分，冲到屋里，大声喊道："石头穿了，石头穿了！"引得大人们哄堂大笑。

　　转眼几十年过去了，我早已不会因为雨水没有改变石头而沮丧，也不会因为雨水在石头上冲击出凹坑而激动了，但水滴石穿的理念，从那时起就像一颗种子埋在我的心灵深处，并发芽、生根了。

　　记得在小学三年级的时候，在一位当老师的亲戚家，我看到一本语文教学参考书。里面的内容太丰富了，一下子吸引了我。那个年代的农村，除了课本、几张报纸、几本连环画以外，几乎看不到其他的书。亲戚说可以借给我看三天。为了长时间拥有这本我心目中的宝书，我想了一个办法，把它抄下来！说干就干。白天读书，晚上抄书。第一天抄到下半夜，看了一下进度，我就意识到，这是一个三天根本完成不了的浩大工程。我打起了退堂鼓。此时，我突然想起了水滴石穿的成语，我为自己有了放弃的念头而感到羞愧。

　　我记不得到底用了多少时间，反正书终于抄好了。期末的时候，上级领导来学校检查教学，一位老师不经意地看到我桌上的手抄本，当他了解到此书的来历后，非常激动地拍了拍我的肩膀说："孩子，你真了不起，小小年纪有恒心，不容易，不容易！"老师的表扬犹如送给了我十里春风，我尝到了坚持就是胜利的喜悦，也感觉触摸到了水滴石穿的灵魂。

都说教育是一棵树摇动另一棵树，一个灵魂唤醒另一个灵魂，当我成为一名老师以后，潜移默化之中，将水滴石穿的信念不断地渗透到每一位学生的心里。

2007年的一天，画室下课后，我到电大路的小文汤包馆吃饭，一进门就被一阵琅琅书声所吸引，一位女生正在旁若无人地朗读英语。当时饭店里有七八位客人，我以为店里搞什么活动，就在离女生较远的位置坐了下来，发现该女生原来就是上午跟我学画画的刘婷婷同学。我突然明白，她是利用等待饭菜的时间完成作业。我深受感动。

此后几天，我特地留意了刘婷婷，看她是一贯如此还是偶尔为之。我发现，一到下课，几乎所有同学都放下画板吵翻了天，只有她一个人迅速躲到画室角落，认真地刷题或者高声朗读。我更是感动不已。

过了一个多月，一位女生神秘兮兮地对我说："老戴，刘婷婷这个人不正常，一个多月了，她和我们居然没有聊过一次天。"我问她，那刘婷婷都在干吗，她说："等待洗刷期间，要么在刷题，要么在画画。我们觉得，她要么是书呆子，要么就是不正常。"我说，不正常的不是她，她才是一个学生该有的样子。

我专门开了一个班会，讲了刘婷婷的事迹。此后，画室的课间终于出现了很多刘婷婷式的学生。那年校考，刘婷婷取得了中国美院艺术设计学全国第11名、染织专业全国第20名的好成绩。在我的103位考上中国美院的学生中，她学画时间最短，前后不到1年。我至今还记得她画板右上角写的那一句话："水滴石穿，非一日之功。"

2008年，九峰中学诞生了。我知道我既不是学者，也不是专家，唯一能够做到的就是面对目标坚持不懈。"坚韧奋进"成了校训。一路走来，很多同学也把坚韧当作底色，描绘出很多水滴石穿的神奇画卷，比如邹美宁、巫凯、王映予、胡君逸等。

薪火相传，前辈的一些优秀品质，自然而然地复制粘贴到你们的心灵空间。比如 10 班的黄烨，对学习和生活充满了热情，三年没有请过一次假；4 班的潘飘燕，周末不回家，从不睡懒觉，保持上课一样的学习状态；3 班的徐家伊，高度自律，从不浪费一分钟时间。他们或是学霸，或是黑马，或是从丑小鸭变成了白天鹅，但他们有一个共同的特点，那就是"坚韧"。

这学期以来，看到同学们学习更刻苦了，我的确很心疼，但是我给不了你们轻松就能获胜的锦囊妙计，我唯一能够做到的，就是每天晚上都来陪伴你们，直到晚自习下课。3 月 31 日晚上，我感冒咳嗽得很厉害，吕老师劝我早点回去休息，我婉言谢绝，说："我不能走，我办公室里亮着的灯，说不定就是有些同学需要的。我希望这一束坚韧的光，能在他们疲惫的时候给他们一些精神上的支持。"

临近高考，亮着灯的老师办公室也越来越多了。他们同样也给不了你们万全之策，但教育不就是一个不完美的人引领着一群不完美的人，坚韧不拔地追求完美的过程吗？

离高考还有最后的 1 个多月，高考集结号已经吹响，我哪敢劝你们要劳逸结合呢？因为漫长的高考之路，何尝不是一场水滴石穿的旅程呢？今天你多一滴的冲击，或许就是滴穿石头最关键的能量。

既然成功不是云淡风轻，那就让暴风雨来得更猛烈些吧！

39 错觉的解药
——在 2023 届高三学生毕业典礼上的讲话

各位家长、老师、同学：

上午好！

首先请允许我代表九峰中学全体师生预祝各位同学考上最理想的大学！

高考落下帷幕，高中生活结束了。

而我觉得，似乎什么都没有结束，三年来的一切就如同发生在昨日：2020 年 6 月 22 日，宏振学校的班主任吴安兴专门来学校，说黄烨、任天赐两人是潜力股，是考重点大学的好料。2022 年 9 月 29 日晚上，为了给在电大路老校区的 4070 个日日夜夜画上一个圆满的句号，我特意给大家拍下了晚自习以及过马路的小视频。2022 年 12 月，许多人阳了，学校被迫放假，但一月选考在即，27 日，高三大部分同学冒着风险返校。没想到 2023 年 1 月 2 日，突然没阳的几乎都阳了，阳过的个别师生又复阳了。那天晚上，全校只剩下了 3 位老师，很多同学开始害怕了，人心惶惶，我一个一个教室进去，给大家鼓劲，激励大家要有战斗意志，哪怕全班就剩下你一个人，也要一个人像一支队伍，对着自己的头脑和心灵招兵买马，不气馁、不放弃，坚定不移地向前进！

同学们，我相信，大家在放松心情的时候，一定也想到了学校，想起老校区的跑操弄堂、陈旧不堪的宿舍、风里来雨里去的电大路口往返的日子，想起那些毫不迁就你、放纵你、顺从你的年轻老师，似乎突然变得那么的亲切、那么的可爱、那么的不舍。

这不是一夜之间产生的错觉，这是因为我们都是普通人，很多时候，很多事情总是在经历之后才能看得那么清，看得那么透。前几天，翻阅相册，三张不同时间、不同空间的老照片，让我感慨不已。回首往事，我们发现错觉是人生的常态，它与我们的生活如影随形。今天，当你即将背起行囊奔赴远方时，我照例给你送上幸运和祝福，但我更想要和你说几句知心的话，那就是在通往未来的道路上，如何做到与错觉同行，但又不被错觉裹挟呢？我今天的讲话题目就叫作《错觉的解药》。

这第一张照片是"学习与彩蛋"。那是我在工艺品厂画彩蛋时和认识的几位工友的留影。40 年前的 1983 年，我初中毕业。那一年，人民公社体制废除，农村联产承包制得到肯定。那一年，离中专录取线差将近 200 分的我，自然而然一颗红心两手准备，要回家干革命促生产了。但改革开放、万元户、时间就是金钱这些时代的新风，吹动了所有年轻人的心。恰好宁溪镇的一家工艺品厂招聘画工，我很幸运被录用了，在"效率就是生命"的口号感召下，42 天时间最后 3 天 3 夜还干了个通宵，一共赚了 142 元钱。在当年，那可是一笔巨款。当时家里正在造房子，用这笔钱买了 4 间房子的瓦片还余几十元钱。这对家里来说可是一个巨大的贡献。强大的自豪感，金钱的魅力，就像我画的那些彩蛋，让我第一次产生了严重的错觉，天天渴望着再有这样发财致富的机会，读书改变命运的信念慢慢改变了，心心念念要考上中专的决心渐渐动摇了。

这是一个万分危险的错觉，但身处其中的自己丝毫没有察觉。这与多年以后看到的张艺谋导演的《一个都不能少》的主角魏敏芝的错觉，几乎一样。张艺谋为了把电影拍得更真实，决定选用非职业演员来进行本色出演。在一万多人的竞争中，来自河北大山里的魏敏芝凭着醇厚朴实、率真大胆成了主角。电影上映后，一举拿下了第五十六届威尼斯国际电影节金狮奖，13 岁的魏敏芝一炮走红，很多娱乐圈导演都请她拍戏。对此，张艺谋看得很透彻，耐心地劝导她："你要身材没身材，要长相没长相，根本不适合娱乐圈，更不适合当演员。"这话说得很伤人，但是良药苦口。他语重心长地说："只有靠知识才能改变你的命运，跟我合作拍了《一个都不能少》，这一件事情不能改变你的命运，但是如果你考上一个好学校，从现在开始好好学习，情况就不一样了。"张艺谋的真心成了她走出错觉的最好解药，她听从劝导，考上了大学，还出国留学，后来还把自己的成长经历拍成了电影，叫作《奇迹的女儿》。

可能你会觉得奇怪，毕业之际我怎么还跟你讲学习的事。我要说的是，毕业之后不需要再学习，这才是人生最大的错觉。因为人生就像一场马拉松，高考不是终点也不是起点，而是人生的一个赛点。未来的考研、考博、入职、晋升职称，以及结婚、生孩子、买房子等，哪一次不是一场重大的考验呢？每一场考验中，你可能会遇到鲜花、掌声、光环甚至是高光，意外的惊喜会不会让你像我画彩蛋时一样，迷失自己的目标和方向呢？人生处处是考场，人生事事是考题。瞬息万变的时代，我们只有整装待发，保持热爱，天天学习，奔赴下一场山海，余生才不会留下遗憾。

这第二张照片是"友谊天平的倾斜"。30年前的1993年，大学毕业时的合影勾起我对大学生活的回忆。毕业前夕，我和几位同学聚餐，诉说同窗之情。说着说着，酒也喝多了。都说酒后吐真言，确实如此。隔壁班的一位同学讲出了一个让我们所有人都大吃一惊的秘密。

那是大一入学不久发生的一件事。那个年代的师范生，每人每月都有35元的生活补助。我是班长，一天上午我把全班同学的生活补助领回来，随手放在抽屉里。当时教室里只有3位同学，我心想等大家到齐了再发吧，但等我外出一会儿回来后，发现所有的钱都不翼而飞了。教室里的3位同学在我出去时也紧跟着出去了。那时没有监控，对于谁是"嫌疑犯"的问题只能猜想。这时候，隔壁班的一位同学悄悄地告诉我，一定是这3人中的李某偷的钱，因为李某在考前班的时候曾经偷过他的颜料。毕竟没有证据，后来这件事就挂起来了。全班其他同学嘴上虽然不说，但大家都心照不宣，从此再也没有人与李某有什么深交，班里每次活动或者聚餐，也很少甚至没有人叫上他。

时间过得很快，在这种若即若离的状态中转眼就到了毕业季，要不是那个晚上隔壁班那位同学酒后吐真言，承认那事是自己诬陷的，说不定对于李同学人品的错觉就会是一辈子！

回到宿舍已经深夜，我们向李同学真诚地道歉，几个大男人还哭得稀里哗啦。当我们问他，你应该感觉得到大家对你的态度冷淡，你为什么不辩解呢？他泰然地说："人都是按照自己的所闻所见做出判断，每个人都是固执的。如果能理解你，一开始就会理解；如果不理解你，你就是说破天也没用。但我相信，时间是最公正的法官。"他的话让我对他肃然起敬。

几年后，我在天台山国清寺看到寒山与拾得的一段对话，寒山问拾得："世间有人谤我、欺我、辱我、笑我、轻我、贱我、恶我、骗我，如何处之乎？"拾得笑曰："只要忍他、让他、避他、由他、耐他、敬他、不要理他，再过几年，你且看他。"这段简短对话深深地震撼了我，令我有种醍醐灌顶的感觉。是的，面对人际交往中一切烦恼，全都放下吧！时间才是化解一切错觉的解药。

这第三张照片是"工作中的雷场"。这是一个师生一起在野外活动的情景。20年前的2003年，我工作的第十年，也是我办画室的第十年。这一年，画室考出了历史新高：总共56位同学，录取中国美院20人、上海交通大学2人，中国美院录取率全国应该没有一家画室能超过我们。师生当然都很开心，按照惯例，考上的同学和继续复读的同学都要一起爬一次头陀的划岩山，而且还要搞一个仪式，那就是我们一起把画室的名称深深地刻在悬崖的陡峭处，象征我们坚韧奋进的精神，然后大家坐在一块大石头上听我讲述有关画室的故事。

那一天，我讲到了我工作以来最大的一次失误。2000年画室第一次创造辉煌：画室总共18位学生，4位被中国美院录取，张玺同学还考上了清华大学服装系，我们现在这个校园的设计师杜一晨，当年还是高二的学生，抱着试试看的心理，报考了中国美院建筑系，居然考了全国第46名，色彩单科成绩居然是全国第一名，95分。

辉煌的成绩，巨大的惊喜，让我产生了严重的错觉，内心开始膨胀，自以为自己的管理理念、教学方法是天下无敌了，禁不住开始飘了，居然要求大家参考书也不用买了，所有的画法、技法就以我画的示范作品为标准。以前，每年寒暑假，都有在美院读书的学长回来当助教，他们及时把美院基础部的最新教学理念、教学思想、教学技法灌输给大家。这时候，学长们看到了管理上、教学上存在着很多的问题和错误，他们苦口婆心地劝我，可是错觉之中的我怎么能够接受呢？我完全不听、不理、不看、不用、不学。更糟糕的是，居然开始尝试所谓的快乐教育，满足学生劳逸结合的要求，经常性地放个假。就这样，一个夜郎自大的老师，带出了一群目空一切的狂徒。我很快就品尝到了最恐怖的恶果：2001高考，画室33位学生，专业仅仅通过4个人，上年专业已经通过、因文化课分数不够回来复读的任娜、林雨晴、林洁、杜一晨等4位同学一个都没有通过，杜一晨的色彩居然只考了75分，倒退了20分！

当时在我家书房，通过电话查的分，我们在场的5个人面面相觑，两位女生立即掩面而泣。我的心就像被撕裂一样地绞痛，我彻底崩溃，也记不起他们是何时离开了我的家。接下来的三天三夜，我都没有合眼，头发一下子白了一大片，我深深地自责：这是误人子弟啊！我接受不了这个事实，决定解散画室。我把他们4个人叫到画室，说出了我的决定，没想到林雨晴同学哇的一下哭出来了。他边哭边说，我们从来不会怨你的，如果老戴你都没信心了，我们才彻底完蛋了。一句话，让我羞愧得无地自容，自己的抗挫折能力居然不如一位学生！4个人都表示，在哪里跌倒就在哪里爬起来。

学生的激励重新点燃了我的斗志。重整旗鼓后，我痛定思痛，知耻而后勇，再也不敢有丝毫的自大和懈怠，全年除了大年初一休息，大年初二我和杜一晨就在画室里画画，大年初三所有学生都开始画画。

这一年，我们高度紧张、高度敏感、高度忐忑，可以说是每天都过着如履薄冰的日子。

都说哀兵必胜，果然，2002 年高考，画室总共 37 位学生，12 位被中国美院录取，终于一雪前耻！2003 年，再接再厉，取得了 20 位同学被中国美院录取的辉煌成绩。可以这么说，2001 年高考是我教学生涯的滑铁卢，但恰恰是这一场惨痛的教训，让我真正意识到工作的严肃性，从此以后对工作才真正有了敬畏之心。后来不断取得一些成绩，使我更加清楚地意识到，我所有的成功和荣誉都来自学生给我的智慧和力量，对工作的真爱是化解一切错觉的解药。

同学们，你千万不要把它理解成是我的自谦。你们今后都要走上工作岗位，你们会不会像我一样在取得了一点成绩之后就产生错觉飘起来，以为是你拯救了银河系？如果是那样，会栽大跟斗的。在电视剧《乔家大院》里，孙茂才被赶出乔家后企图到乔家的竞争对手崔鸣十那里谋出路，孙茂才说："乔家的生意是我做的，我也可以帮你达盛昌把生意做大。"岂料崔鸣十说："孙茂才，你搞错了吧，是乔家的生意成就了你，不是你成就了乔家的生意。"然后毫不留情地把他轰了出去。在这个合作共赢的时代，在职场上我们更应该记住郭德纲曾经说过的一句话："一个人最大的悲哀，就是错把平台当本事。"

同学们，三张照片，记录了我在求学、交朋友、工作中三个不同维度产生的不同错觉。转眼 20 年、30 年、40 年过去了，但这种自大、自私、自我的思想和行为始终都被我当作一面镜子，让它时刻警示我、告诫我、约束我。墨子曾经引用古语说："君子不镜于水而镜于人。镜于水，见面之容；镜于人，则知吉与凶。"毕业之际，自揭伤疤，唠叨不休，就想让我因为自大、自私、自我的行为付出的代价，能成为你们今后生活中所有错觉的解药，让你们在人生道路上尽量不走弯路，不走岔路，不走错路。愿你们一路神采飞扬，一切皆美好！也请孩子们常回家看看！

40 时光倒流
——在 2023 年秋季开学典礼上的讲话

前不久,看到一条小学生和滴滴司机聊天的视频,让我感慨不已。

"叔叔你一天能赚多少钱?"

"啊,一天也就两三百块钱吧,还不够一顿饭钱。在上海吃一顿自助餐的话,海鲜自助 388 元,我一天挣的钱还不够。所以说要好好读书不是一句假话。"

"确实,不好好读书的人都后悔了。"

"对呀。"

"要是时光可以倒流,你想怎么样呢?"

短短一番对话,很扎心。

假如时光倒流,我只需要一天。

二十多年前的一个晚上,画室里安排真人头像写生。班长把模特的签名单放到我的桌上,一个叫李仲儒的签名让我眼前一亮,签名的这三个字写得太漂亮了!我很好奇,让班长了解一下他的情况。

第二天晚上放学后,班长告诉我:"李仲儒的字是他爸爸教的。他爸爸当年考上了清华大学,但由于某种原因被取消了资格。他爸爸一手把他拉扯大,不幸的是,高二的时候他爸爸因病去世,学习成绩不错的他被迫辍学外出打工。"

我十分震惊。第二天,我开了一个班会,用幻灯片放出李仲儒的签名,讲述了他的故事。我说:"哪有什么岁月静好,如果没有你父母替你负重前行,你能保证坐在上面的是李仲儒,而不是你?"画室里非常安静,我清晰地听到门外雨点的滴答声,以及几位女生轻轻的抽泣声。

过了好一会儿，一位女生弱弱地问："我们可以帮他吗？"

我说："好！让我们一起帮他！"

于是，我们约定，晚上把他留下来，一起帮助他考上大学。

没想到的是，晚上他没有来，带班的工友说，中午他的一位亲戚把他带到温州去打工了，还真不知道他的家庭地址和联系方式。我们不甘心，多方打听，但李仲儒就像夜空里划过的一颗流星，没了踪影，留给我们的只是万分遗憾。但是，有了这一次经历，这一届同学都变得格外珍惜时间。

此后，当我看到有同学不认真学习的时候，我的脑海中总会浮现出李仲儒那一副端正的坐姿和他那渴望的眼神。

我在心里有千百次的自责。当初，如果我亲自去了解情况，当晚就可以把他留下来。我也在心里有千百次的假如，假如时光倒流一天，就有可能改变李仲儒的命运，就可以实现同学们那个善良的夙愿。时光若真能倒流，我们一定会更加懂得珍惜一切机会！

假如时光倒流，有学长说想倒流十年。

去年秋天，我在哈尔滨招聘老师，遇见十年前的学生。他是一位让我一直惋惜不已的学生。当年，他勤奋好学，高一期末考试进入全校前十名，眼看繁花就要开到树上，没想到，青春的叛逆与他不期而遇，他突然变得不可思议。他敏感、偏激、固执，认为成功有很多捷径，为什么一定要读书呢？尽管我苦口婆心地劝导他，他还是毅然决然地离开了学校。没想到，今天居然在这里遇见他。

他动情地说："老师，我离开学校后，就一直在家里疯狂地打游戏，幻想着有朝一日发明一款游戏软件可以发大财。眨眼过了四年，直到有一天把爸爸气得住进了医院才突然醒悟。这几年，我打过工，当过学徒，做过生意，但一没文凭，二没技术，三没人脉，到现在一事无成。我万千次地后悔离开学校，但后悔有什么用呢？老师，我一直非常感谢您，当初您不厌其烦地做我思想工作，至今还记得您和我讲的一个故事：'从前有一个人，整天想着如何快速地发财。有一天，听说在一个岛上住着一群长着一只眼睛的怪人，便决定去骗一个回来搞展览赚钱。他划着小船来到小岛，上岸一看，果然都是独眼人，他欣喜万分。岛上的独眼人也看见了他，立即把他抓住，关进笼子，四处展览。'

"老师，'初闻不知曲中意，再听已是曲中人'啊，没想到，我自己就是这个自作聪明的人。这真是'机关算尽太聪明，反误了卿卿性命'。

"老师，我的经历就是学弟学妹们的一面镜子。如果有机会，我可以当面告诫他们：'没有付出就没有回报，读书才是成功最好的捷径！'假如时光可以倒流十年，我要回到高一。"

假如时光倒流，有家长说想倒流十五年。

6月24日，被我多次拒绝的一位母亲又来了。她要我听她讲完，看能否给孩子一个就读九峰中学的机会。她说："我家条件很好，各方面都舍不得让孩子受委屈，教育也不例外。我崇尚快乐教育，只要他开心，成绩好不好无所谓，这种理念自然而然会同一些老师的管理相冲突。小学三年级的一天，孩子因没有完成作业被批评，闹着说不读书了。我不问青红皂白来到学校，要求老师当着全班的面给我及我的孩子道歉。纠缠了好几天，老师终于泪眼婆娑地向我道了歉。我的做法让老师很害怕，再也没有老师敢管我的孩子了。孩子成了一个人人都不敢碰的花瓶。一路下来，孩子更加无忧无虑，无拘无束，无欲无求，快乐极了。但是'出来混，总是要还的'，中考他连普高线也没到。这几天，我跑了很多学校，不管我愿意花多少钱，没有一个学校同意录取。我已经连续几宿都没有睡好，我终于明白，父母对孩子最大的不负责任，就是在学习上放任孩子！是我所谓的快乐教育误了孩子。"

讲完这一些，她早已泪流满面。我当然理解天下父母心，但我无能为力。临别时，她还喃喃自语："假如时光倒流十五年，我要做一个虎妈！"

亲爱的同学们，假如时光能够倒流，你想倒流到什么时候呢？

时光不会倒流！古人早就警示过我们："盛年不重来，一日难再晨。及时当勉励，岁月不待人。"

我们不要动不动就抱怨现在的学习太苦了、太累了、太卷了，那么，什么年代什么地方的教育是不卷的呢？有市民提到南通教育太卷了，南通教育局局长首先旗帜鲜明地要求通过提高教学效率来提高教学质量。他说："从另一个方面来说，自古以来，从来没有说教育可以是快乐的，我们只有说学海无涯苦作舟，从来没有说学海无涯乐作舟的。"

亲爱的同学们，兔年已过大半，丢掉幻想吧。人生没有彩排，一切都是现场直播，不要尽力而为，而要全力以赴，你才会在未来大展宏"兔"！

41 遇见好老师
——在 2023 年庆祝教师节暨表彰大会上的讲话

今天，我们第一次欢聚在自己的大礼堂，隆重庆祝第 39 个教师节。首先请允许我代表全体师生对获得荣誉的 81 位老师表示热烈的祝贺！由于名额比例的限制，对没有上台受表彰的每一位默默奉献的老师表示最衷心的感谢！

每年高三体检结束，黄岩区教育局招生办公室的徐晓燕主任或小严老师总要打电话表扬我们，说九峰中学的学生做得最规范、最配合、最高效。我也看到有好几次黄岩人民医院的医生发朋友圈，为九峰中学的同学点赞，说很多同学在排队等候时一直在看书学习。他们都说九峰中学的校风最好。每年去黄岩中学高考、学考，总有黄岩中学的老师拍视频、拍照片，表扬九峰中学的学生守纪律、很勤奋、有精神；每年参加市直高考质量分析会，市局领导总会表扬九峰中学的学生起点低、进步大、成绩好，是低进高出的典范。表扬我们的人都会说，九峰中学的老师管得严、抓得紧、做得细。作为校长，听到这些评价，我深深地为我们自己的学校、老师、同学感到光荣和骄傲！

习近平总书记指出："一个人遇到好老师是人生的幸运，一个学校拥有好老师是学校的光荣，一个民族源源不断涌现出一批又一批好老师则是民族的希望。"亲爱的同学，只要你能细细体味，你一定会感动不已，庆幸自己遇见了好老师。

好老师是怎样的呢？

好老师就像任丽丽一样，"呕心沥血"。她严格得近乎无情，她认真得近乎苛刻，因为她明白"平时多流汗，战时少流血"的道理。

好老师就像周易难一样，"古道热肠"。她多次义无反顾地中途接班、接班主任,她的名字就是她的为人,"找她帮忙,易;降低教学要求,难"。

好老师就像尧彩娇一样,"兢兢业业"。二胎刚出月子,她就来给高三的学生培优补差,效率很高,工作忘我。

好老师就像贾娟娟一样,"任劳任怨"。老师请产假她顶上,哪里缺老师她填上,10年教学时间,3轮中途接班,她是老师别动队的涓涓细流。

好老师就像武运渊一样,"尽心竭力"。哪里有活动哪里就有他,哪里有矛盾哪里也找他。他博学多才,整天在学校面对的却是柴米油盐酱醋茶,鸡毛蒜皮爱恨愁。

好老师就像张林一样,"以校为家"。第二个孩子才刚满8个月,学校需要班主任,她二话不说;她教学工作细致入微,润物无声。

好老师就像秦晓佳一样,"铁肩柔情"。她铁肩担道义,患难见真心,临危受命,柔情似水,春风化雨,营造虚怀若谷的班级文化。

好老师就像程爱真一样,"豁达大度"。在个性张扬的美术组,正如她的名字一样,她用自己的爱心、真心对待人,用自己宽阔的胸襟包容一切。

好老师就像叶佳佳一样,"落落大方"。她性格爽朗耿直,内心透明敞亮,讲课干脆利索,做事雷厉风行。

好老师就像张真阳一样,"勤勤恳恳"。他沉静不乏冲劲,细微不乏大气,精准的教学,显著的成效。

好老师就像史建辉一样,"默默耕耘"。他脾气温和、耐心细致、踏踏实实,全区统考取得优异成绩,是他老黄牛式付出的结果。

好老师就像严文开一样,"孜孜不倦"。相信一切都是最好的安排,不放弃每一位学生,所带班级成绩多次名列全区第一。

好老师,特别要提到就像章秀桂一样,"守文持正"。他老骥伏枥,志在千里,砌起九峰规则的高墙,修补九峰制度的漏洞。他让我们懂得什么叫敬畏，什么叫规则下过自由生活。

好老师还有着一群特殊的人，比如管敏荷、陈岩领等，他们"温暖善良"，既像妈妈、像奶奶，又像老师，他们同样是我们九峰中学的教育功臣！

在这特殊的日子里，让我们用最热烈的掌声感谢我们最敬爱的老师们！

九峰好老师共同的特点就是"爱"——对学校的深爱，对学生的爱护。

他们的"爱"是怎样的呢？那就是"手持戒尺、眼中有光"，九峰好老师的爱是金刚手段、菩萨心肠。每年中秋节，九峰画室高三学生都不放假，老师狠心地说："要想明年在杭州西湖或者上海外滩赏月，今年中秋你就画画；要想明年高复或者在某一个工地上看月亮，今年中秋你就请假。"

九峰好老师的"护"又是怎样的呢？那就是"教不严、师之惰"，九峰好老师的护就是陪伴，就是守望。有一次，我向市局领导汇报工作时总结过，"刘备的江山是哭出来的，九峰的奇迹是老师陪出来的"。今年是我校建校以来的第一次军训。军训得到武装部陈参谋长的高度赞扬，他说："没有一个学校的老师，能够做到像九峰中学的老师那样全程陪同；没有一个学校的老师，能够做到像九峰中学的老师那样全力配合。"

◎ 国防教育现场

在这特殊的日子里，让我们用最热烈的掌声感谢最爱、最护我们的老师们！

这几天，我突然想到"升米养恩人，斗米养仇人"的典故，说的是如果别人在危难时，你给予他很小的帮助，他会感激你；如果给人很多的帮助，让他形成了依赖性，一次不如意，反而让他忌恨。父母和你、老师和你的关系，又何尝不是这样的呢？如果把老师给予你的爱，看作是理所应当的话，三年下来管你越多，你必将忌恨越深。

很久以前，在《读者》杂志上读到一篇文章，已经记不起题目了，大致内容是这样的：一位高中女生同妈妈吵架，一气之下离家出走。走了很长时间，又累又渴又饿，远远看到一个面摊，可是身无分文。卖面的阿姨也看到了女生，问："孩子，你是否饿了？过来吃碗面吧。"女孩怯生生地说："可是我没钱。"阿姨说："没关系，我请你。"过了一会儿，一碗热腾腾的面端到了女孩面前。女孩的眼圈一下红了，眼泪哗哗地掉了下来。阿姨问她怎么了，女孩说："我不认识你，你都给我吃面，可是我的妈妈同我吵架，我觉得她根本不如你爱我。"阿姨深深地叹了一口气说："我给你一碗面，你都知道感恩，可是你想过没有，你妈妈从小给你煮过多少碗面，给你煮过多少次饭呢？你有没有感恩过妈妈呢？"

同样道理，在座的同学们，你们有没有想过，该不该感恩无私陪伴你们三年的老师呢？在今天这个特殊的日子里，我希望同学们记住这句话："懂感恩的人，心宽；有良心的人，路宽。"

梁漱溟、艾恺写过一本书《这个世界会好吗？》，这个书名很好，它以朴素的设问，提出人生的大问题。这个世界会好吗？事在人为，未来就在你的手上，你怎样，未来就怎样，你的内心美好，你遇见的都是好老师。永远感恩一切遇见！

谢谢大家！

42　人在"卷"途
——在 2024 年春季开学典礼上的讲话

我们都是普通人，面对内卷外卷上卷下卷都是"卷"的生活空间，难免会发出感叹：人在"卷"途啊！

果真是人在"卷"途吗？

让我们一起来看看 16 年前的 2008 年。

那一年，13 位老师在黄岩桔乡大道 181 号 3300 多平方米的破旧厂房里，围绕着 46 位学生，自信满满地举行了黄岩美术高中的第一届开学典礼。他们说，非常之人做非常之事！

那一年，高三的你 3 岁，高二的你 2 岁，高一的你才 1 岁。

在 181 号的三年，我们把它叫作九峰中学历史上的老三届。那时，他们也同你们现在一样是 16 岁、17 岁、18 岁，同样地爱吃、爱美、爱玩，同样地"等待着下课，等待着放学，等待着游戏的童年"。当时，对老三届来说，有一个可以打全场的篮球场，是奢望；有一间带独立卫生间、淋浴间的宿舍，是奢望；有一个无论风霜雨雪都能举行开学典礼的大会堂，更是奢望。

终究，老三届带着所有的奢望，连同他们青涩的背影，转瞬间都成为以往，留给我们的只是 90.9% 的本科率、浙江省美术联考状元等江湖传说。好在，联结老三届的桥梁依旧在，13 位老三届老师仍然用同样的节奏拼搏、进取，以至于十几年后的今天，我们照样能够感受到老三届那朴实的灵魂、炽热的激情和万丈的豪情！

今天，当我们终于踩着松软的运动场、睡着惬意的公寓床、吃着喷香的麻辣烫，反而还在苦苦寻找迷失的幸福，各种任性、甩锅、抱怨，把自己"卷"得找不到北。

42 人在"卷"途

"人在'卷'途",随处都有莫名的"卷"。

前几天返校,在门口刷卡处,我问一位同学为什么不带卡,她理直气壮地说卡丢了;我问她丢了几天了,她说好几天了;我问她丢了好几天你吃什么,她一时语塞;我又问她丢了为何不补办,她又理直气壮地说不知道去哪里办。

我严厉地批评她,你是三岁小孩吗?是真不知道去哪里办,还是不想办?她无言以对。

我对她进行了教育,明明知道进出校门要刷卡,卡丢了好几天不补办,说轻一点你是随意,说重一点你是漠视规则;明明知道自己做错了,还找借口狡辩,说轻一点是任性,说重一点那就是骄横了。可是文明社会,处处讲规则,地球不会绕着你一个人转的,哪怕"我爸是李刚",总有一天不会让你横着走。假如你今天在海关、在机场,你说你的护照或者身份证丢了,很简单,没人同你废话,你甭走!

我批评那个同学时,她的家长刚好也在校门口。她很感谢我对她孩子的教育。她说,您教育了孩子也教育了我。原来,前不久,刚巧就是该家长同我有一场深入的交流。那天,该家长打电话给我,非常愤怒地向我吐槽,说她女儿要求转班,理由是:班上同学都不爱读书,没有一点学习氛围;班上同学经常闹矛盾,很多人针对她;班上老师素质太差,没一个好老师。等她平静了,我对她说,首先,这个班级的总体水平在全校名列前茅;其次,为什么很多同学要针对你的女儿?接着我问她,你女儿在班上排名第几?她说排在将近 40 名。我说,在这样一个班级里,女儿如此的成绩,不去找自身原因,反而把过错都赖到老师、同学、班级的头上,这是"甩锅"。甩锅,只会让你的女儿变得更加任性,甚至骄横。

今天重提老三届,讲这些就是希望,当你准备抱怨这个国家、这个社会、这个民族的时候,你应该先想一想:到底什么是真正的太平盛世?当你准备抱怨同学、抱怨老师、抱怨学校的时候,你应该先想一想：学校不是宾馆，更不是追求安逸的地方。假如可以转班，如果你不改变自己的坏习惯，就是给你转到学军中学、镇海中学，你照样读不好书。

正月初五，美术生开始集训。时间如此紧张，居然还有个别同学姗姗来迟，来了以后还像霜打的茄子。

这让我想起2023年的高考。纵向比较，我们拿老三届当坐标，255个同学上本科，十分遗憾。横向比较，拿同类生源学校做参考，一些学校不要说255个上本科，连55个也难，甚至有些学校只有不到10个本科，很震惊。

这样的结果，不知道这些学校的学生和家长做何感想。

我问大家，是这些学校的学生比我们笨吗？是这些学校的校园比我们小吗？还是这些学校的老师比我们差呢？

不是！这些学校当时录取的成绩不比我们低，这些学校的校园也比我们更豪华，这些学校的老师单兵作战的能力也绝对不会比我们差！

那又是什么原因让那么多同学的十年辛苦付诸东流呢？

问题是严峻的，教训是深刻的。如果一个学校失去了立德树人、传道授业的灵魂，如果老师失去了爱教乐育、敬业奉献的激情，如果学生失去了坚韧奋进、追求卓越的斗志，那高考还会有好的结果吗？

坦率地说，可怜之人必有可恨之处！

我说可怜，可怜在于你和那些学校的学生一样，花费了同样的时间，付出了同样的辛苦，但十年寒窗"醉不成欢惨将别"；可恨在于你和那些学校的学生一样，内心失去了灵魂、激情、斗志，三年高中生活"秋月春风等闲度"。

你可能说，"十年寒窗无人问"，我的内心是痛苦的、焦虑的、无奈的。但你知道吗？痛苦来源于你对现状的不满，焦虑来源于你成长速度太慢，无奈来源于你对世界的误解。

当你不再随波逐流地任性、不再心灰意冷地甩锅、不再胡搅蛮缠地抱怨时，当你拥有灵魂、拥有激情、拥有斗志时，当你选择理想、选择坚守、选择倾听内心呼唤时，你一定会拥有一个最饱满的人生！你会发现，不论是"人在囧途"还是"人在卷途"，原来都是"人在征途"！"十年寒窗无人问"的结果原来是"一举成名天下知"！

此刻，我想起了苏东坡和佛印的故事。苏东坡与佛印在一起辩论，苏东坡总是输。有一次两人在饮茶，苏东坡问佛印，你看我坐在这里像什么？苏东坡大腹便便，佛印便说，我看你像一尊佛。佛印也问，那你看我像什么？苏东坡看佛印四肢交缠打坐，头上蒸汽腾腾，于是说，我看你像一坨牛屎。苏东坡很高兴，觉得自己终于赢了一回。苏小妹知道后说，你又输了，而且输得很惨。"佛印心中有佛，以佛眼观世界，所见之处，处处是佛。而你心中有屎，所见之处，处处是牛屎。"

我突然感悟：任性、甩锅、抱怨，不就是我们心中有牛屎吗？

这个故事揭示了一个道理，你看到的并不是真实的世界，而是你内心世界的投射，这个世界是什么样的，完全取决于你的感受，往往就在于你的一念之间，这就是"一念天堂，一念地狱"。"一念心清静，莲花处处开"，相反，你整天任性、甩锅、抱怨，你的一生就是"人在囧途""人在卷途""人在糊涂"。

兔年的温文尔雅已成回忆，龙年的大气磅礴拉开了帷幕，学习老三届，不要内耗，拒绝PUA，我们的2024年一定是：龙行龘龘、前程朤朤、生活䲜䲜！

43 真正的战场
——在 2024 届高三学生毕业典礼上的讲话

各位家长、同学、老师：

大家上午好！

首先，我祝贺大家顺利完成高中学业，即将开启人生新征程！同时，也向为你们的成长付出辛勤汗水的老师和家长们，送上最美好的祝福和崇高的敬意！

40 多年前的 1982 年，从没有离开过大山的我初中毕业了，老师说："你们要一颗红心两手准备，但你们这样的成绩，主要是做好回家种地的心理准备。"

懵懵懂懂的我在家三年，种地、放羊、砍柴。

随着年龄的增长，我的思想慢慢地变得成熟，内心也变得越来越不甘。听大人说，邻村有人考上中专，鲤鱼跳龙门，成为国家干部了。我受到了很大鼓舞，下决心也要考上中专。

去联丰中学复读那天，爸爸说："既然决定了，就要拼命，这是一个能改变你命运的战场。"

的确，我真的把它当成拼命的战场了，学习无比用功。我还记得一个细节，学校有一次包场看电影，这可是所有同学盼望已久的事。为了充分利用时间，我暗下决心放弃看电影，一个人在教室里自习。但电影的诱惑力实在太大了，人虽然在教室，脑海中却一直想象着电影里的每一个情节。你可能觉得好笑，这不是一个失败的选择吗？但我觉得这是一次成功的考验，毕竟我没去。

努力没有白费，我幸运地成了一名中师生。

但是，还没进入角色，我就想改写我的人生剧本了。在黄岩师范的第一学期,我萌发了要报考美术学院的念头,但我的英语基础实在太差了,26个字母只记得24个,想要自学高中教材考大学,简直是痴人说梦。但在精神力量的支撑下,我义无反顾地投入人生的第二个战场。经过5年的拼搏,幸运之神再次眷顾了我,我考上了浙江师范大学美术系。

◎ 黄岩师范毕业留影

春风得意马蹄疾。我满怀激情地搞创作,参加各种展览,眼看繁花渐渐地开上了树,似乎很快就要成为一名画家了,1996年,我带的学生陈群、杨亦红同时考入了浙江美术学院。这在当时是一件极其不容易的事。我和学生无比惊喜,这份惊喜无形地激励着我把所有的精力都用于教学。再后来,张玺、吴越齐考上了清华大学,100多人考上了中国美术学院,这让我越来越觉得做好教育的价值所在。就这样,九峰中学应运而生,猝不及防地,我进入了人生的第三个战场。对于毫无管理经验的我来说,办学校无疑是一场渡劫!

回顾自己三个不同的人生阶段,三个不同的战场,无论是被迫绝地反击、破釜沉舟,还是顺应心之所向,都充满了不自信、惶恐和挣扎，但同时也从未放弃热爱、希望和行动。这是失望与希望的较量，这是失败与成功的博弈。无数次我在迷茫中寻找目标，找到目标后又被另一个迷茫所包围，我突出重围了，又陷入重围，如此循环往复。

这难道不是我们很多人都经历过的吗？

毕业之际，与你们分享我的心路历程，就是希望你们在今后的人生道路上，因为看到我所经历的循环而不再觉得孤单。人生没有统一路径，未来并不是童话，毕业典礼上的笑脸，并不是我们今后生活的所有表情。

难道不是吗？

高考前3天，秋生老师在国旗下讲话，说出了我们所有老师的心声：你曾经披星戴月走过的路，终将繁花遍地！

30天后的今天，高考成绩早已揭晓，大学录取也已经开始，这又是几家欢喜几家愁呢？

孩子，假如成绩没有如你所愿，千万不要气馁，偶尔运气不佳，你才会意识到机遇在人生中的重要性，进而理解你的成功并非命中注定，别人的失败也不是天经地义。你能否从中得到教益，完全取决于能否参透人生苦难所传递的奥义。

要永远相信自己！当然，这种相信不是盲目的自信，而是要付出持续不断的热爱、希望和行动。就像2016届的翁哲考上了中国计量大学，2017届的王映予考上了西南政法大学，2018届的王海心考上了台湾的中国文化大学，但他们对自己的高考成绩并不满意，于是继续战斗、继续冲锋，本科毕业后，翁哲考上了研究生，现在又考上了上海财经大学的政治经济学博士，王映予考上了复旦大学法学专业的研究生，王海心考上了英国皇家艺术学院的研究生。

我想，写在九峰中学墙上的那句话"一心向着目标前进的人，全世界都会给他让路"，已经深深地融入他们的血液之中。而这句话，也应该属于你！

3000天、30000天以后,你早已远离高考这一战场,也许你也像我一样,突出了一个重围,又陷入了另一个重围,但是经过长时间柴米油盐酱醋茶的浸润,有了对生活意义的思索,你一定会更加深切地体会到:人生处处是考场,人生事事是考题。

不尽相同的人,有着完全不同的人生战场。那么,到底哪一个才是我们真正的战场呢?

前几天,我接到一位家长的电话,当年他的孩子从我们学校考上了浙江工业大学。接通电话,他还是和以前一样的开头,"戴老师,我们全家都要感谢你"。我有些难为情地说,"你怎么还这样说啊"。他非常认真地说:"这是我的心意,只要和你通话,我都要先这样说。"我很感动,一股莫名的幸福感涌上了心头。

◎ 油画《和而不同》入选第十届全国美展

亚里士多德说,"幸福就是把灵魂安放在最适当的位置"。我们投入一个又一个战场,持续不断地付出热爱、希望和行动,不就是为了让心灵更宁静、灵魂更芬芳吗?我突然明白,一个人真正的战场原来就是自己的内心!

送君千里终须一别,是时候说再见了,作为老师,请允许我做最后一次说教:无论你今后经历怎样的辉煌或荒芜,都不要抱怨、不要躺平、不要摆烂,而是要忠于灵魂,听从内心的声音,持续不断地付出热爱、希望和行动,让自己幸福地生活,并使更多人幸福地生活!

44 灵魂契合

——在 2024 年九峰中学名师读书会开班仪式上的讲话

各位先生、各位兄弟姐妹：

上午好！

最近几天，我的内心充满了感激，又充满了惶恐。感激的是你们信任我、信任九峰，来到黄岩和我一起发展九峰；惶恐的是，我整天在学校，不懂得人情世故，生怕礼仪不周，接待不当。前几天，一位 18 年没见面的学生来看望我。她说，虽然我们多年没见，但一直保持联系，说明我们的灵魂是契合的。

灵魂契合，一个很好的词。一刹那，我内心的惶恐消失了。我想，茫茫人海，我能够和诸君共事，难道不是心灵的邂逅、灵魂的契合吗？将来我们都要在同一个锅里吃饭了，我又何必拘泥于传统的礼仪和形式呢？如此一想，便觉坦然。因此，在今天这个具有特殊意义的开班仪式上，我讲话的题目就用"灵魂契合"。

1993 年，我从浙江师范大学毕业，怀揣梦想，创办了"戴梅青画室"。一直到 2008 年，十五年如一日，共有 465 名学生考入全国各类美术院校，其中清华大学 2 人，中国美术学院 106 人。中国美院的录取率是 4∶1，而全国的平均录取率为 80∶1。

正因为有如此的成绩，2008 年台州市教育局才同意我们由一个画室办成一所高中。

从画室到学校，我们不是趋利、投机，也非画虎、效颦，而是为了实现自己心中的教育梦！无论何时、何地、何事，我都是纯真的、认真的，甚至是较真的。16 年以来，我觉得我和九峰就是一场恋爱。

都说热恋之中的人是弱智的，还真别说，在九峰的成长过程中，我对很多事的处理所显示的如此低的智商,也只有用恋爱才能解释。

我清楚地记得,学校是2008年5月22日批下来的,校名叫作"台州市黄岩美术高中"。那时候我们没有钱,没有一个文化课老师,没有经验,没有人脉,就连作为校园的3300多平方米的破旧厂房也是租的。可以这么说,除了满腔的热情和梦想外,一无所有!

5月26日,我们到江西师大招聘老师,有同学问我:"老师,你什么都没有,为什么满怀信心地说,能够办一所一流的学校呢?"

我给大家讲了这么一个故事:"当年,亚历山大出征时,把所有的财物都分给了他的部下,有个士兵不理解,问他:'陛下,你把所有的东西都分给了别人,那你自己有什么呢?'亚历山大回答说:'希望。'"

我当时说,我什么东西都没有,但我也拥有两个字,那就是:态度。只要我们坚持十五年以来办画室认认真真的办学态度,就一定能办出一所一流的学校!

经过两天时间的面试,我们从130多名毕业生中选出7位同学。我们约定:7月1日,黄岩见!为何我的用词是"约定"呢?这里还有一段小插曲。宣讲时,一位同学问了我这样一个问题:"老师,如果我们双方都觉得合适,那么我们签约签几年呢?"

我说:"不签约!"

"为什么呢?"

"大家都看过《三国演义》,关羽走投无路时,投降了曹操,但有个条件,那就是假如自己的大哥刘备还活在世上,我还是要去找他!曹操一听,火冒三丈,走投无路了,还谈条件!张辽打圆场说:'这一点说明,刘备对关羽很好,同时关羽有情有义,难道主公你就不能对关羽好吗?'曹操一听,恍然大悟,这样的人才岂能不用?立即答应关羽。关羽来了,曹操对他当然很好,用现在的话来说,要房子给房子,要车子给车子,要票子给票子。但是,当关羽知道他大哥还在袁绍帐下时,还是'过五关斩六将'走啦!"

我说，想想看，曹操在当时应该是全国最大的跨国公司的大老板，而刘备寄人篱下，连注册商标都没有！黄岩美术高中同公办学校或成熟的民办学校这些"曹操"比较起来，的确是一无所有，比可怜的刘备好一点，有一个注册商标"黄岩美术高中"。所以，假如我是曹操，我同你就是签了协议，你还会走；假如我是刘备，我就是不同你签协议，你还是会和我一起干！如果我们有缘分，如果你能相信我，那就：7月1日，黄岩见！

2008年7月3日，选中的7位同学，来了6个！

◎ 装修中的"老三届"教学楼

那个时候，我将这6位同学，也就是我们的第一届文化课老师，带到了即将作为校园的3300多平方米的破旧厂房。当时正在紧张地装修，那时候的场景一塌糊涂，假如张艺谋拍战争题材的电影，拍"鬼子进村"一类的镜头，就不用布置了，可以直接拍！

看了所谓的校园，那天晚上我们一起吃了晚饭。我说："校园大家也看到了，学生到现在只招了23人，如果大家相信我，有信心，不怕苦，就和我一起干；如果不放心，明天我发给大家来回的路费，回去吧！"

当下社会，很多人会怀疑诚信，很多人不再相信缘分。但是，让我一辈子感动的，让九峰中学永远都要记住的是：他们都留下了！

就这样，这6个老师，加上画室里的美术老师，再加上生活指导老师，一共才13人，开始了我们的办学历程。

多少年以来，每当回忆起这件事，我的内心就满是对第一届老师的感激。假如没有他们对九峰不离不弃恋爱般的真心,九峰可能早已成为江湖上传说的一个故事了!

  第二届招生依然艰难,但是对于普高线以下 60 分的学生,我们坚决不招。2009 年 6 月 24 日下午,大雨如注,区教育局局长屠荣彪等领导专程来看望我,得知我们只招了 31 位学生时,其中一位领导建议我马上降低分数线,先招满学生。他说:"办好民办学校,要想创优,先要创收,如果活都活不下去了,何来创优?"我非常感谢领导的关心和指导,但是把他送走以后,我依然没有采取降分措施。身边的人非常生气,都说我是"拎不清""一根筋",越来越多的人也知道了我是"拎不清""一根筋"。

  多少年过去了,我一直都在感谢当年的那"一根筋",那一份坚守。我常想,假如当初我们为了招足学生,今天降 1 分,明天降 2 分,后天可能就会降 10 分。随意改变分数线,随意突破底线,学校可能早已沦落到一所只有学生数、没有升学率、没有口碑的末流民办学校了。

  世间的事情有时候是很奇妙的,一些在当时看起来非常"一根筋"的坚持,原来却是办学过程中最基本的原则和灵魂。有了这种原则和灵魂,九峰才得以不断发展和壮大。

  民办学校最大的问题就是教师没有编制,退休工资不高,这导致老师流动很大。但我们九峰的老师队伍很稳定,这是由老师与九峰之间的关系所决定的。这是一个你中有我、我中有你的关系。

  为了解决退休以后的待遇保障问题,从 2012 年开始,我们就多次向黄岩区人民政府提出申请,要求让我校老师参加机关事业保险,费用全部由学校承担。2014 年底,区政府终于同意我们学校和当时的黄岩区睿达实验学校,在本校连续工作 6 年以上的老师,可以参加机关事业保险。我校老师都异常高兴。政府协调会议当天,出现了一个小插曲,其中一所民办学校调子很高,他们的校长听说参保的费用政府负责一半、学校负责一半时,他说:"就是一半,学校给每个老师每年至少要付出3万元，这笔费用很大。为了保障学校的利益，我们可能会这样做，当老师50岁左右的时候，我们就把他辞退掉，扔掉包袱。"所有在场的领导听得面面相觑。眼看这个政策就要废掉了，我举手说："一家之言，我恰恰相反，我坚决执行这个政策，如果有老师跟着九峰10年，九峰永不解聘！"所有人都热烈鼓掌。我说："这是关乎老师未来保障的事，我想老师有未来，学校就有未来，我下决心要参保！"

"老师有未来，学校就有未来"，这句话很土，网上肯定查不到。几年过去了，我觉得当年的决定是正确的，它让每一位老师对九峰都有了100%的归属感，感受到九峰那一份沉甸甸的真爱。

好事多磨，正在我们部分老师准备材料参加机关事业保险时，国家政策有了调整，养老保险实行并轨，这项工作也只能按照新的政策来推进了。

15年过去了，九峰从当年的3300多平方米、13位老师、46位在校生，发展到今天的68000多平方米、178位老师、2239位在校生。这里面有很多美丽的故事，每一个故事都色彩斑斓，都从不同的侧面映射着九峰与老师之间的那种心灵的邂逅和灵魂的契合。

◎ 名师参观"老三届"校园

都说大学之大在于有大师，那么，名校之名必在于有名师。九峰要成为名校，同样需要名师，种下梧桐树引来金凤凰。今天，毫无疑问你们都是九峰中学的第一批名师，你们都是各个学科的核心和灵魂。

15年过去了，九峰终于拥有了自己的立足之地。未来15年的九峰又是怎样的模样呢？"大鹏一日同风起，扶摇直上九万里"，借助你们的力，再过15年，我想应该有大量清华、北大的学生出自九峰。那个时候，他们一定会说，2024年的这一批老教师，他们不老，他们用年轻的心态同九峰谈了一场恋爱，这是一场关于真心、关于真情、关于真爱的故事！这场恋爱是"老骥伏枥，志在千里"的奇缘，必定会有"要看银山拍天浪，开窗放入大江来"的激情！

45　靠心灵而伟大
——在2024年秋季开学典礼上的讲话

仓皇失措之际，你的心目中有没有一件特殊的事或者一个特定的人，在某一时刻突然点亮了你呢？

我有。此刻我想到了家乡的奥运冠军黄雨婷，当记者夸赞她的性格沉稳、平静时，她说："看似平静，实际紧张，最好的办法就是接受压力，调整自己。"我想：你，我，每个人都有过这样的"黄雨婷思维"。不论你做过什么、在做什么，都会遇到形形色色的挑战，怎么办呢？黄雨婷的这句话是我听过的最好答案。我们一直都在想办法"接受压力，调整自己"！

前不久，我看到一个小视频，是一对父女在工地午睡的视频，瞬间让我泪奔。

37℃的高温，没有空调、没有电风扇，一张用几根木板铺就的床，楼梯的台阶充当了枕头，一个四五岁的小女孩依偎在爸爸的怀里，睡得很香。小女孩脸上汗涔涔的，湿漉漉的头发贴在脸上。父亲身上沾满了泥巴和灰尘。父亲担心把孩子挤下去，他的身子只躺在半块板子上。即便天气酷热，孩子依旧紧靠着父亲，双手搭在父亲的身上。父爱如山，在此刻得到了生动的诠释。很多网友留言，有人说："有父亲的地方就有遮挡，有宝贝的地方就像含着蜜糖。"

◎ 酷热工地午休的父女

温馨而感人的画面打动了无数网友，很多人感叹孩子懂事，父爱伟大。但也有批评和责难，有人在评论区留言："不会吧，这么热的天，这位父亲为何不让女儿待在空调间呢？"

真是站着说话不腰疼，如果不是生活所迫，谁愿意把孩子带到工地上去呢？

人生而平等，却又生而不同。有的人一出生就含着金汤匙，有的人一出生连爸妈都没有，而像我们这样的普通人，也只能凭借着自己的努力才能和他们平等地站在一起。我们没有退路，只能一路奔跑！

奔跑路上，我们可能有碍观瞻、闯了红灯，甚至跌倒损伤，遭来非议、质疑甚至责难，怎么办？用"黄雨婷思维"：接受压力，调整自己！

如何调整呢？就拿我自己来说，办学已经 16 年了，九峰中学的很多做法和理念别人不理解、不放心、不相信。经常有朋友关心地问我："你怎么看待外界对你的评论和挑剔呢？"

此时，我都会想起贝聿铭先生，这位在全世界都享有盛誉的建筑师，他的每一个建筑作品都可以称得上伟大，但在当时，几乎都面临责难和挑剔，历经千难万险才来到世间。曾经有人问他："您是怎么看待外界对您的挑剔呢？"贝聿铭的回答是："我从来没有考虑过这些问题，因为我一直沉浸在如何解决自己的问题中。"

我爱九峰中学，想把它办成一所一流的民办学校，自然有着与其他学校完全不同的做法和理念。因为热爱，我也没有时间和精力去考虑别人的评论和挑剔，而是"一直沉浸在如何解决自己的问题中"。

同学们，每个人的身高、长相、基础、能力、性格、兴趣、爱好、思维、认知，都与众不同，怎么可能不遭受到别人的议论、批评甚至责难呢？当你遭遇这些的时候，你是否也能做到"一直沉浸在如何解决自己的问题中"呢？

如果以前没有做到，从今天起，请不要计较鸡毛蒜皮，不要关心家长里短，不要纠结是非曲直，不要在意贬褒毁誉，不要变得多愁善感。

要知道，长舌，搬弄了是非，但引领不了潮流；八卦，收集了无聊，但改变不了世界；游戏，浪费了青春，但快乐不了你的精神。

张爱玲说得好："你跑得快，耳边自然是风声；你跑得慢，耳边自然都是闲言碎语。"奔跑路上，如果有爱，你就会"一直沉浸在如何解决自己的问题中"。

我绝没有歌颂苦难的意思。这个小视频，如果要我给它起一个标题，那就叫"爱"吧。生活虽然清苦，但谁又能说这不是一种平凡而伟大的爱呢？

8月12日，我们都回来学习了。返校那天，我在校门口发现一位同学从车上下来后还和妈妈赌气："谁要你把我送到九峰中学的，我又不想读书！"当时，我很想问她，那你想做什么呢？

还是借今天这个机会，一起看一个视频吧。

如果要我给这个视频起一个标题，那就叫"担当"吧。生活虽不易，但谁又能说，这不是一种平凡而伟大的担当呢？

因为听过太多的哭声，自己也在风雨中走过了那么长的路，所以懂得每个人背后的艰辛与不易。看了这个视频，亲爱的同学，假如你是这个妹妹，你还会说"谁要你把我送到九峰中学的，我又不想读书"吗？你还会抱怨九峰中学为什么这么早开学吗？你还会抱怨起得那么早、睡得那么晚吗？亲爱的老师，假如你是这个妹妹的老师，你还会抱怨现在的生源太难教了吗？你还会漫不经心、得过且过地工作每一天吗？你还会在乎多上了一节课、多辅导了一个学生吗？

◎ 90后女孩深夜摆摊为妹妹筹学费

人生而平等，却又生而不同。我们无法决定自己的出身环境，但即便生如蝼蚁也当立鸿鹄之志，命如薄纸也应有不屈之心。这对姐妹为什么感动了千万网友，是因为姐姐的担当和姐妹情深。很多网友留言，有这样的好姐姐，他们一家一定会有美好的未来。因为我们相信"家和万事兴，上阵父子兵，姐妹一条心，黄土变成金"。

人生而平等，却又生而不同。对大部分人而言，如果岁月静好，那是因为有我们的父母、哥哥、姐姐替我们负重前行，是他们的担当和爱，才让你整天待在空调间、住在4个人一间的宿舍，你怎么还可以昧着良心说"谁要你把我送到九峰中学的，我又不想读书"呢？以人为镜，我们应当像这对姐妹一样学会担当。作为学生，你目前真正的担当就是认真学习。

每年高三体检、到黄岩中学高考，我们的学生都得到了黄岩中学老师、黄岩人民医院医生的赞赏，说九峰的学生讲规则、讲礼貌、有秩序、有精神、很用功，概括起来三个字"精、气、神"。作为校长，我听了自然高兴。同学们想想看，我们的精气神哪里来的呢？

先来看一个视频。这是秦皇岛的陈老师，因在进教室前猛做"表情管理"走红网络。视频中，他略带疲惫，走到教室门口停了下来，耸肩、挺胸、整理衣服，不停地调整着自己的状态，最后，他扶了扶眼镜，再反复调整微笑表情，才大踏步地走进教室。他说："孩子们盼着我来，我不能垂头丧气。"为什么不能垂头丧气？因为"兵熊熊一个，将熊熊一窝"啊！相反，老子英雄儿好汉，强将手下无弱兵，名师出高徒啊！虽然没有看到他的课堂

◎ 老师调整表情走进教室

效果怎么样，在他的感染下，我相信孩子们一定是充满激情、充满斗志、充满幸福的。你可能会说，这是别人家的老师啊。今天，我要告诉你，我们九峰类似的老师也多了去了。

8月16日，高一军训接近尾声，学校打算在第二天安排新生去老校区回望历史，寻根溯源。这个活动需要两位"老三届"的老师当解说员。由于临时安排，时间紧迫，一下子很难找到人。姜迎老师知道了，就顶上去当了解说员。这是那天姜老师解说时的情景。而那天姜老师的实际情况又是怎样的呢？

◎ 姜迎老师在解说

姜老师的嗓子刚动了手术，但是为了让同学们更好地了解九峰历史，她义无反顾挺身而出。我既心疼又无奈。现在我们应该明白了，当听到我们的老师或激情澎湃、或活力奔放地讲课的时候，实际上又有多少个老师像姜老师一样，带着病痛、委屈，或经历着悲伤呢？

当年的西南联大连校舍都建不起来，却走出两位诺贝尔奖获得者，走出170多位两院院士。有人说，靠的是西南联大"丰富的精神世界"的独特气质；十几年以来，九峰中学在如此局促的空间里，依然信心满满、坚韧奋进，创造了一个又一个奇迹，靠的就是九峰中学独特的"精、气、神"！

人生而平等，却又生而不同。我们都是普通人，但是我们不能屈从于命运。布莱恩说得好："命运不是一种机遇，而是一种抉择；不是等来的，而是挣来的。"九峰中学的精气神从哪里来的呢？来自我们的老师隐藏了自己的伤痛，装作了美好；来自我们的老师隐藏了自己的委屈，装作了舒坦；来自我们的老师隐藏了自己的悲伤，装作了坚强。

16 年以来，九峰创造了一个又一个奇迹，这些奇迹又是哪里来的？我想起了尼采的一句话："如果世界上真有奇迹，就只是努力的另一个名字。"

现在，要我给以上姜老师的照片、陈老师的视频起一个标题的话，那就叫"努力"！

今天，我们选择了三个不同身份、不同群体、不同追求的故事，讲述了工作、生活、人生的不容易，展现了心灵中三个不同的闪光点：爱、担当和努力。

有了爱、担当和努力，他们就成了孩子、弟弟妹妹、学生心目中伟大的人。这里所说的伟大，正是罗曼·罗兰说的"我称为英雄的，并非以思想或强力称雄的人，而是靠心灵而伟大的人"。

有了爱、担当和努力，你会更加相信国际歌中的这一句话"从来就没有什么救世主，也不靠神仙皇帝"。

有了爱、担当和努力，你会更加相信"可上九天揽月，可下五洋捉鳖"。

有了爱、担当和努力，你会更加相信"世上无难事，只要肯登攀"。

有了爱、担当和努力，你一定会张开双臂，豪情万丈地说："2024 的下半年，你来吧！"

谢谢大家！

46　八仙过海，各显神通

——在 2024 年庆祝教师节暨表彰大会上的讲话

今天，我们欢聚一堂，隆重庆祝第 40 个教师节。首先请允许我代表全体师生对获得荣誉的 91 位老师表示热烈的祝贺，对于由于名额比例的限制没有上台受表彰的每一位默默奉献的老师，表示最衷心的感谢！

7 月 24 日，我带名师寻根溯源，参观老校区。老校区又小又旧又破烂，名师们都感叹，九峰的发展不容易。

当名师们了解到，那个时候搞个教师节庆祝会，我们都要把唯一一个篮球场的篮球架卸下来，才坐下全校师生，同时还要把篮球场边上的树枝剪掉才能看到整个舞台，一位老师说，九峰的老师真是神通广大。

前几天，今年的"十年教育功臣"出炉，他们是丁强顺、王晓雨、史锦春、吕嘉英、吴海兵、姚佳莹、殷雪娜、魏娜等八人，我的头脑里飞快地搜索了一下他们八个人的相关信息，脑海中显示出八个字：八仙过海，各显神通。

2023 年 3 月 9 日，九峰中学、蓬街私立中学、台州市实验中学三校联合召开高三复习备考会，丁强顺老师代表我校数学组，做了题为"定位要准、落实要狠、突破要深、反馈要真"的发言，思路清晰、干脆利索、气场强大，征服了全场，成为那天最好的发言者。会后，一位校长对我说："你们学校的老师讲得好，太厉害了！"

由于浙江新高考的特殊性，王晓雨老师就成了"两栖动物"，几乎每年都要跨段、跨学科。当年，美术生集训在求实校区，他跨校区上课，而且每星期 32 节课。都说教育是一棵树摇动另一棵树，他的精神感染了很多学生。2017级王宇博同学，高一期末全段400人，他排在310名，各科成绩都很差，几乎想躺平。当他看到王老师这样的工作状态，突然有一天，触动很大，心里想，"老师仅仅是为了工作尚且如此，我为了自己的前途都不拼了，真是没天理了"，由此他彻底改变了自己，最后考上了浙大城市学院，现在是浙大城市学院研究生。

互相搭台好戏连连，互相拆台一起下台，说的是合作的重要性。会合作是一位好老师基本的能力和素养。史锦春老师，十年工作八年跨段，当过普通班、实验班、重点班的班主任，哪里有需要，哪里就有他，他既是救火队员又是突击队员。新高考以来，连续两届生物最高分与黄岩中学的学生一样。

2019年5月，东城街道办事处组织各行业的骨干人员培训，所有开设讲座的老师中，吕嘉英是唯一一位没有专家头衔的人。培训结束后，街道领导专门给我打电话激动地说："吕老师绝对是一个大才女，讲得太好了。我今天明白了，为什么九峰中学会办得这么好，是因为九峰的老师好。"2020年招生期间，一位东浦中学叫宋宇娜的学生来学校咨询，她的成绩非常好，说如果能把她安排在吕嘉英老师的班级，她就放弃填报黄二高和黄中。我们问她为什么一定要到吕老师班级呢？她说："听毕业的同学说，吕老师多才多艺，是一位好老师啊！"金杯银杯不如家长学生的口碑，作为老师，还有比这更好的奖杯吗？

对于吴海兵老师，同事的第一印象就是解题大师，没有什么数学难题是他解不了的。没想到他还是转化后进生的高手。隔壁班的王佳鑫同学数学成绩很差，一次偶然的机会请教了吴老师，还得到了吴老师的肯定，并且说，"以后只要你有任何数学问题都可以来找我"。没想到王佳鑫还真的每天来找吴老师，每次吴老师都给她写一道题，就这样她坚持了2年多时间，一共写了772道题。王佳鑫同学因此数学成绩稳步提高，2017年高考数学居然考了101分！

姚佳莹老师是我以前的学生，2013年之前一直在杭州工作，我很想请她回来一起办学,帮我打理一下办公室工作,她说:"好吧,我的专业是美术,又当不了其他学科的老师,就给学校当个保姆吧。"没想到一句玩笑话,她真的当了快11年的九峰"保姆"。文印室缺人找姚佳莹,财务室需要帮手找姚佳莹,教务处忙不过来找姚佳莹。小学、初中创办了,派谁去呢?姚佳莹;政府各部门联系谁去呢?姚佳莹;办公室没人主持谁去呢?姚佳莹;党务工作谁能负责呢?姚佳莹。就这样,姚佳莹就成了丫鬟、保姆、管家的代名词,又成了全知全能、战无不胜的代名词。

殷雪娜老师经过教室或查寝时,学生就像发现敌情一样传递情报"雪娜来啦",然后学生就会马上安静下来伪装成好好学习的样子或者装作睡着的样子,有一次刚好被我逮个正着。我批评同学,怎么可以直呼老师的名字,太没礼貌了。他慌忙解释,不是这个意思,是觉得喊她大名更有威慑力。噢,我明白了,原来,"雪娜来啦"相当于"老虎来啦"! 足见殷老师平时有多严厉。

但是,上学期一件事又彻底改变了我的印象。她班上的一位学生数学、物理、化学学得很差,家长、老师包括我都劝她回去读文科,她就是不同意。我问她为什么这么坚决,她说她喜欢殷老师。我说殷老师不是很严厉吗?她非常果断地说:"不!殷老师对我很好,所以我就要在她班!我会跟上去的。"这个时候我明白了,什么叫作"手持戒尺眼中有光",雪娜就是!我也突然明白了,雪娜老师的数学为什么教得这么好,这叫作"得人心者得天下"!

2014年,我们去西安外国语大学招聘老师。一位女生各方面都很出色,她四年大学的成绩基本上排在年级第二,她就是魏娜老师。打铁先要自身硬,过硬的基本功使魏老师有了教好不同层次学生的能力。徐依伦是她带的第二届学生,英语基础几乎为零,直接摆烂。魏老师只好采用"保姆式教学",每天上午课间指导他练字一行,并及时纠正;下午大课间来办公室读单词,纠正发音;故意要他在全班面前讲题,让他变得自信。精诚所至，金石可开，最后徐依伦的高考英语成绩得了99分。

八位老师八个故事，从这八个故事中可以看出他们个个都是身怀绝技，神通广大，法力无边。

今天，我明白了"黄美高"为什么从3300多平方米、13位老师、46位学生的职业高中，能够蜕变成现在这个优质高中。

今天，我更加明白了来到一所好学校，遇见一位好老师，对于同学们来说是人生多么大的幸运。

"与智者为伍，与高人同行，必然不同凡响。"是的，整天和神仙级别的老师在一起，自然而然也能沾上仙气。不会写诗的我，突然诗兴大发，请允许我用一首小诗作为我今天讲话的结尾吧！

八仙

嘉木在南方，
英才天纵古无伦。
晓看红湿处，
雨重黄岩城；
锦绣九澄边，
春满台州府。
佳景求是路，
莹清川泽玻璃地，浓淡烟云水墨天；
雪润仪凤街，
娜婀多姿成昨日，风华绝代又一年。
强装不思家，培优又补差，
顺便备好课，查寝又巡班。
海量作业君如何？
兵贵神速名场面。
魏武挥鞭，往事越千年，

娜姿芳华,知行合一今日成美谈。
都将心事托九峰,
是,也不是。
大江东去浪淘尽,千古风流人物,
仙人道是你、你、你!

注:①这是一首藏头诗,包含了嘉英、晓雨、锦春、佳莹、雪娜、强顺、海兵、魏娜等八位老师的名字。②学校位于台州市黄岩区九澄大道求是路,学校大门口就是仪凤街。

47　你我皆是黑马

——在 2024 届高三学生高考励志大会上的讲话

金秋十月是风语轻吟、层林尽染、山河如画的季节，是鼓角齐鸣、金戈铁马、气吞万里如虎的时节。

金秋十月，很多学校吹响了首考的集结号，战斗的硝烟扑面而来！

在战场上，军令如山，听从指挥才能攻必克、战能胜。

考场如战场，那么，什么才是真正的军令如山呢？

春秋时期，晋国、燕国攻打齐国，齐军大败。晏婴向齐景公推荐了司马穰苴，说他虽是贫民，但"文能附众，武能威敌"。

齐景公召见了穰苴，觉得他真的有才，立即任命他为将军。穰苴说："我的地位卑微，突然置于大夫之上，士兵不会服从，权威很难树立，希望能派一位君王宠信、国家尊重的大臣来做监军。"齐景公于是派庄贾去做监军。

穰苴和庄贾约定："明天正午在营门会齐。"但庄贾一向骄慢，认为率领的是自己的军队，自己又做监军，就一点也不着急，直到日暮时分才到。穰苴问："为什么约定了时刻还迟到？"庄贾解释说："亲朋好友给我送行，所以耽搁了。"穰苴说："身为将领，从接受命令的那一刻起就应该忘掉自己的家庭，到军中就应该忘掉自己的亲朋好友，战鼓响起就应该忘掉自己的生命。如今敌人侵入国境，全国百姓的生命都维系在你的身上，还谈什么送行呢？"于是问军法官："对约定时刻迟到的人当如何？"回答说："当斩首。"庄贾很害怕，派人飞马报告齐景公，请他搭救。报信的人还没来得及返回，庄贾就被斩首了，"三军之士皆振栗"。

良久，齐景公派的使者拿着节符来赦免庄贾，车马飞奔直入军营。穰苴说："将在外，君令有所不受。"又问军法官说："驾着车马在军营里奔驰，当如何？"军法官说："当斩首。"穰苴说："国君的使者不能斩首。"他于是斩了使者的仆从，向三军示众。

士兵安营扎寨、掘井立灶、饮水吃饭、探问疾病、安排医药，穰苴都亲自过问并抚慰，还把自己作为将军专用的物资全部拿出来款待士兵，自己和士兵一样平分粮食，并把体弱有病的统计出来。准备出击的时候，病弱的士兵也都奋勇争先要求奔赴战场。

晋国军队知道了这种情况，就撤军回去了。燕国军队因撤退时分散松懈，齐军趁势追击，收复了所有沦陷的土地。

我每次学习这篇《司马穰苴列传》，最强烈的感受就是：不战而屈人之兵的关键就是军令如山、纪律严明。

我们常说考场如战场，如果真的把考场当战场了，每次周考、每次模拟考，我们的一些老师还会迟到吗？还会边监考边干其他无关的事情吗？作为学生，11月30日全省美术联考、1月选考就在眼前，相当于敌人都已经侵入到你的国境了，你还会借口心情不好请假弃考吗？你还会为了庆祝你的生日而考试迟到吗？你还会不吃饭进考场吗？你还会为了满足虚荣心而作弊吗？你还会漫不经心地潦草书写吗？

如果是真的当战场了，你还会在桌上把书叠得像小山，自欺欺人地埋头打瞌睡，一到周末玩手机，碰到困难就泄气吗？你还敢假装生病、逃避跑操，借口补课、晚上请假，睡觉拖拉、上课走神，吃饭马虎、作业敷衍，早读无声、自习散漫吗？

亲爱的同学，从今天起，我们就真的把考场当战场吧！作为校长，我也学习一下司马穰苴，管理好你们的纪律，保障好你们的后勤，陪伴大家，与大家同甘共苦。除了出差及特殊情况，每天早操、每天晚自习，我保证都会在学校，出现在你们的窗前，晚自习结束后我都会在楼下等待你们，目送你们回宿舍。

47 你我皆是黑马

亲爱的同学，一切美好似乎都是为你们而来。很幸运，你们成了九峰中学新校园的第一届学生。两年时间拼搏，你们不负众望，上学期期末考试，你们当中有26位同学上优秀线，让全校师生都看到了新校园、新目标、新高度、新希望。学校也积极配合，今年我们引进名师、优化师资结构。明年高考，我们定下了"保底30人，超越40人，冲击50人特控线以上"的目标。

"千红万紫安排著，只待新雷第一声。"我们所做的一切都是为明年高考创造奇迹，但有没有力量，有没有成绩，这第一声新雷就要看一月的首考。

但是，这次强基联盟考试却给我们来了一记当头棒喝，特控线16人，不但没有30人、40人、50人，与期末比较起来居然掉了10人。你觉得是什么原因呢？我认为：

其一，强基联盟都是全省最牛的学校，试题难，划线狠，使得我们过特控线人数减少。

其二，都说假期是拉开学生差距的黄金时间，一点也不错。暑假20天，我们绝大多数同学是不够自律的，是貌似用功的假努力。而一类、二类学校的学生高度自律，分秒必争，培优补差，成绩显著。

你可能说，有这么夸张吗？我们一起复盘一下，从7月21日暑假开始，到本次考试80多天时间，如果暑假没有好好利用，20天的暑期意味着你浪费了20天，意味着你比别人少学了四分之一的时间，你怎么考得过别人呢？

最近一段时间，我观察到几个细节。早上有同学6点10分才到操场，与最早到操场的同学相差15分钟。晚自习放学，有一部分同学是飞快地跑步回宿舍，用时大概2—3分钟，而有一部分同学慢慢悠悠地走回宿舍，需要7—10分钟，一天两个来回，两者相差15分钟左右。最快的人比最慢的人，仅仅把这两项加起来，就相差半小时。一天比别人多学半小时，到一月的首考，就可以多学40小时，相当于你至少比别人多4天的学习时间，4天时间假如多做对4道选择题，本次全校特控线以上起码多出十几个。

其实，你完全可以比对你身边的榜样：

1班的徐振皓两年如一日，每天6：00之前到操场大声朗读，成绩稳居年级前5名。

2班的潘如艺自从进入高三以来，每天13：30之前第一个到教室自习；正是这种持之以恒的毅力，让她一次次超越自我，高三的前两次联考，分别考到年级第5名和第13名！

6班的刘嫚琪每天来得很早，读书声音很大，一直在进步，本次考试年级第2名。

7班的牟伊茜每天最早到操场读书，踏踏实实，孜孜不倦，成绩一直稳定在班级前列。

10班的陈振阳从高二开始，每天中午都要挤时间学习，成绩进步到年级第42名，本次考试，有三科是班级第一名。

14班的应天天是普通班同学，每天起得很早，做事很快，效率很高，进步很大，本次考试年级第28名。

从今天起到明年六月高考，如果每天比别人多学半小时，意味着你要比别人多出110小时，相当于你要比别人多出十几天的学习时间，这是不是很惊人呢？难怪衡水中学提倡"干啥都得跑"。

跑得快，既锻炼了身体又多出了时间，更重要的是，你会赢！

如果说考场如战场，那么兵贵神速方能克敌制胜。请大家一起温习一下警示过我们千百遍的小故事：

两军交战，先头部队的指挥官同时接到上级指令，占领一个具有战略价值的旧碉堡。军令如山！两军指挥官立即命令开拔，以超急行军的速度奔赴目的地。

两军与碉堡的距离相同，他们的部下也都同样疲惫，沉重的背包、沉重的武器、沉重的心情以及沉重的眼皮都告诉他们，不可能以指挥官所指令的速度前进。

甲军指挥官下令：中途休息十分钟，到时间立即开拔，休克的，就任他倒在路边，不必扶持也不必急救，甚至不必回头看，免得浪费了体力！

乙军指挥官下令：冲到底，一分钟也不能休息。为了减轻负担，除了水壶与武器，其余一律扔掉，如有胆敢停下脚步者，一律视为前线抗命，就地枪决！

甲军出发时有300人，到达200人。乙军出发时有300人，到达100人。但是一阵枪声过后，包括指挥官在内的甲军200人全死在了碉堡的附近。鲜血染红了他们沾满泥沙与汗水的衣服。他们不甘心地望着前方，似乎在问："为什么？"

乙军到达时，确实只有100人，但是乙军在行军途中付出了更多的牺牲，因而抢占了先机！

由于你总是安慰自己："没关系，不就是偶尔偷懒一下吗？""没关系，不就是没有利用这一个课间吗？""没关系，不就是周末晚上刷了几个短视频吗？"我就不得不说一番话给你听，希望你牢记：

考场如战场，在人生的战场上，不要觉得自己已经尽了力，更不要抱怨环境对你有多严苛，而要多想想自己的对手有多拼，别人的环境要求更严苛。否则，你在努力之后还有可能一败涂地。

亲爱的同学，尘埃尚未落定，你我皆是黑马！冲刺联考的最后43天，冲刺首考的最后80天，如果你真正树立起"考场如战场"的意识，做到"军令如山""兵贵神速"，如果你真正做到分秒必争、竭尽全力、坚韧前行、超越极限，那么，笑到最后的一定会是你！

48　送你"三'千万'"

——在 2024 年学生成人礼上的讲话

各位家长、老师，亲爱的同学们：

大家好！

今天是一个特殊而有纪念意义的日子，我们共同迎来了一个神圣的时刻，那就是属于你们的成人仪式。首先请允许我代表全体家长及全校师生，向各位同学致以最诚挚的祝福和最热烈的祝贺！

11 月 23 日，一则"宁夏固原一派出所执法人员殴打学生"的视频在社交平台上传播，引发热议。网友几乎一边倒，认为警察怎么可以打孩子呢？第二天，剧情翻转，说派出所接到报警电话，该校两名三年级学生被六年级的马某某多次殴打霸凌。民警对现场人员进行信息登记、核实，其间，马某某擅自离开，警察找回马某某后对他进行踢打。事发后，公安局做出了对有关警察停职处理的决定。事件细节公布以后，网友又几乎一边倒地转而支持警察，称他打得好，打得对！

我们都不是当事人，谁对谁错，我们可能不假思索地由着情绪糊里糊涂地跟着舆情走，这种行为我们叫作"从众"；现在假如要你来评判这件事到底孰是孰非，我想，你马上会收起情绪，不再人云亦云了，这种态度我们叫作"理性"。

理性，是成年人重要的标志。

今天，我们在此隆重地举行成人礼，便是要告诉你，你已经不再是懵懵懂懂的孩童，而是法律意义上的公民，意味着你从此以后要对自己所有的言行负责，做任何事都要三思而后行。

其实，同学们一直都在接受着这样的教育：要学会理性地生存，因为有了理性，才不至于迷茫，不至于受骗。

48 送你"三'千万'"

我们讨厌人与人之间的虚于应付、伪装表演,但我们一时又无法改变产生这种不良风气的土地,这块土地自然会产生现代版的阿Q精神。有一次,一位客人给了我一张名片,上面写着:"某某书画院院长(相当于正局级)"。他非常圆滑,八面玲珑。在他看来,这可能就是成熟和理性。

前不久,一位20多年前教过的学生来看望我。他当年大学毕业,在令人羡慕的电视台工作,又在外面与朋友一起办了一个服装厂,赚了好多钱,日子过得红红火火。后来,他给合伙人担保向银行借钱,结果人家跑到澳门赌博,把钱输了个精光,工厂也倒闭了,还欠了很多钱。接下来,他去过广州,到过东北,做过生意,上过班,干啥都没有结果。一个多小时的交谈,让我大为感慨。他说江湖义气害死人,当年没有理性,才铸成如此大错,现在说啥也没有用了。交谈之中,他都称呼我戴校长,我说我是你老师啊,咋成了你的校长了?他说以前不懂规矩,不懂事理,应该叫你校长。他说生活已经让他变得"不可多说一句话,不可多走一步路"。看到他唯唯诺诺的样子,我突然想起了鲁迅先生笔下的闰土,深感心酸。我心酸的是生活摧残了一个人的物质世界不可怕,可怕的是生活击垮了一个人的精神世界。

同学们,这就是社会,有时候你根本无法搞清到底是谁对谁错;有时候你面对的可能就是逢场作戏;有时候你会发现原来失败离自己是那么近。

我们即将就要到这样的土地上去耕耘。为了生存,我们不得不遵循有关的游戏规则,尽管我们明白很多规则并没有理性基础。

我们常常埋怨大环境,其实环境也是人营造的。既然是人造的,那就让人来改变吧!

为了世界能因你而改变,在你即将踏上这片土地之际,我要送你三"千万"。

第一,千万不要怀疑善良的可贵。

我一直都相信"善有善报，恶有恶报"。小时候看电影，无论是《地雷战》《梁山伯与祝英台》《红灯记》，还是《少林寺》《秋菊打官司》《高山下的花环》，有时候我根本看不懂电影里的故事情节，但总要和小伙伴一起把电影里的人物分出好人、坏人，我们相信善良是人性中最宝贵的品质，它会改变世界。

我看过这样一个故事：有单位招聘，经过多重选拔，留下4男1女进入笔试环节，其中一位男生没有带笔，他只能求助身边的应聘者。甲男说，我没有多余的笔；乙男说，我有笔但不借，来应聘居然不带笔；丙男当作没听见；只有那位女生从包里拿出一支笔借给他。应聘结果出来了，只有没带笔的男生被录用。甲男讽刺女生说，你开心了吧，成就了别人；乙男说，都怪你自作多情；丙男直接对着女生冷嘲热讽。而女生还是真诚地向没带笔的男生表示祝贺，然后起身向各位评委告辞。这时候评委叫住了她："恭喜你，你才是今天真正被录用的人。刚才没带笔的男生也是我们的评委。"女生一脸诧异，评委说："好单位需要有好人，我们不能让善良变得廉价。"

尽管这只是一个故事，但我信！

第二，千万不要低估坚持的能量。

"只要功夫深，铁杵磨成针""愚公移山""精卫填海"，这些都已经成为中华民族坚持不懈、自强不息的典范。古今中外很多的成功就在于坚持，越王勾践、晋文公重耳、爱迪生、屠呦呦、任正非、俞敏洪，他们就像一束耀眼的光，照亮一批人或者点亮了一个时代。其实，我们的身边随处也有这样的光。

6班的刘嫚琪，三年如一日，坚持每天早起，大声读书，讲究效率，成绩一点一点进步，本次台州市一模她取得了年级第一名的好成绩；

1班的张锦坤，坚持早睡早起早锻炼，严于律己，从不懈怠，成绩稳定在年级前15名，高二期末考试是年级第二名；

10班的王壹航，三年如一日，认真上好每堂课，始终跟着老师的节奏走，不折不挠，稳中求进，终于在高三的时候迎来了高光时刻。

爱因斯坦在一次演讲中说，当你把学校里学到的东西都忘掉以后，剩下的就是教育。是的，亲爱的同学，你在九峰三年养成坚持不懈的习惯，便是你得到的最好的教育，带着它，它会照亮你的人生。

第三，千万不要忽视学习的力量。

前年，我们搬入了新校园，我想整理一下资料，把校史尽快陈列出来，找到了2008年8月9日第一届开学典礼讲话的录像。重看一遍，一下就蒙了，我现在普通话很差，但我怎么也没想到16年前的普通话居然差到我现在都不认识当年的自己了。不要说脱稿演讲，那篇才1100多字的开学典礼讲话《非常之人做非常之事》，我拿着稿子读得结结巴巴，基本上半普通话半黄岩话。因为我们上学的时候没有学过汉语拼音，工作以后都不会讲普通话。九峰中学创办后，前面十届的文化课老师没有一个浙江人，平时和老师们交流必须讲普通话。我清楚地记得，我的普通话经常闹出很多笑话。我下决心利用一切机会学普通话，听课、和老师交流、边吃饭边听中央人民广播电台的新闻，领导在台上讲话，他讲一句我在心里跟一句，手机发信息从手写改回拼音，后来说话渐渐地有点像普通话了。前几年，学校搞活动，邀请了一位我的老同学作为家长代表讲话。当年一起读书的时候，他说一口流利漂亮的普通话，这次听他讲完以后我大吃一惊，没想到他的普通话现在这么差！我突然明白，我在不断学习，我进步了；他平时都讲黄岩话，不说普通话了，也就退步了。《生物的进化》这篇课文里的"用进废退"的观点确实是科学的理论，我也从而更加相信梁启超先生说过"人生如逆水行舟，不进则退"的话了。

亲爱的同学，再过六个月你们就要离开九峰中学了，那时或许没有人会记得我今天讲的话，但是，或许你也会像考上上海财经大学博士的学长翁哲一样，把九峰中学的严格、理性融入血液之中，当作了习惯，他说："在母校的经历不仅对我的学术生涯大有帮助，对我的人生而言也是一笔弥足珍贵的财富。"

  是的,人生路上,无论你处在怎样的是非对错之中,都千万不要怀疑善良的可贵,它是我们的立身之本;无论你处在怎样的艰难困苦之中,都千万不要低估坚持的能量,它是我们的成功之母;无论你处在怎样的顺境逆境之中,都千万不要忽视学习的力量,它是我们的智慧之源。

  亲爱的孩子,带上"三'千万'",飞吧!

图书在版编目（CIP）数据

底色 / 戴梅青著. -- 上海 ：上海教育出版社，
2025. 5. -- ISBN 978-7-5720-3479-4

Ⅰ. G63-53

中国国家版本馆CIP数据核字第2025CC7134号

策划编辑　李光卫
责任编辑　顾　翙　樊汉彬
封面设计　章正君　周　亚

底色
戴梅青　著

出版发行	上海教育出版社有限公司
官　　网	www.seph.com.cn
地　　址	上海市闵行区号景路159弄C座
邮　　编	201101
印　　刷	上海景条印刷有限公司
开　　本	700×1000　1/16　印张 12.25
字　　数	159 千字
版　　次	2025年5月第1版
印　　次	2025年5月第1次印刷
书　　号	ISBN 978-7-5720-3479-4/G·3107
定　　价	59.80 元

如发现质量问题，读者可向本社调换　电话：021-64373213